# 中国乡村发现

｜连续出版物｜总第58辑｜2021（3）｜

主　编／陈文胜
副主编／陆福兴　瞿理铜

湖南师范大学出版社
·长沙·

# 中国乡村发现

| 连续出版物 | 总第58辑 | 2021（3） |

**主　编：陈文胜**（湖南师范大学中国乡村振兴研究院院长、中央农办乡村振兴专家委员）

**副主编：陆福兴**（湖南师范大学中国乡村振兴研究院副院长、教授）

　　　　**瞿理铜**（湖南师范大学中国乡村振兴研究院副院长、副教授）

**主办单位：** 湖南师范大学中国乡村振兴研究院

**编辑部地址：** 湖南省长沙市岳麓区麓山路 370 号湖南师范大学里仁楼

**邮　　编：** 410006

**电话/传真：** 0731-88872694

**网　　址：** http://www.zgxcfx.com

**书刊投稿邮箱：** zhgxcfx@163.com

**官方微信号：** 乡村发现

## 征　稿

来稿要注重田野调查，突出问题意识；注重农村发展实践尤其是乡村现实问题，提出能够进入农村基层实践、服务农村发展决策的对策建议；文风朴实，语言精练，通俗易懂，突出实例和数据，而非教条和空谈；篇幅在 3000 字以内，不存在知识产权争议；来稿请用电子邮件发至编辑部邮箱：zhgxcfx@163.com，并注明作者姓名、工作单位、地址及邮政编码（附个人简介及联系方式）。凡县乡干部、农民的来稿优先录用，与乡村无关或纯理论文章谢绝投稿（文学作品一律谢绝）。

## 小　启

因联系不便，请书中所采用图片的作者与编辑部联系，以便奉寄稿酬。

# 目 录

# 专　　稿

## 必须把握全面推进乡村振兴的四大重点

⊙ 唐仁健

从脱贫攻坚到全面推进乡村振兴，这是一个具有里程碑意义的重大转换，由此也意味着"三农"工作的任务面临着一个战略转型。全面推进乡村振兴涉及的面非常宽，从哪儿下手，从哪儿着力，确实要认真研究和思考。既要统筹兼顾，也要"抓主抓重"。

### 要把国家粮食安全首先保障好

悠悠万事，吃饭为大。这是治国理政的头等大事。实施好"藏粮于地、藏粮于技"的战略，就是地要有、技要有，这就有了物质基础。关键是抓好种子和耕地两个要害问题，打好种业翻身仗，守好、守住18亿亩耕地红线，建好10亿亩以上高标准农田，这就有了基本保障。同时，还要让种粮的农民有利，让地方党委政府抓粮有责任、有压力，所以还要"辅之以利、辅之以义"，制定好相应的价格补贴政策等，让务农种粮的农民有钱赚。另外，实行粮食安全党政同责。总之，目的就是要让整个"十四五"时期粮食产量努力稳定在每年1.3万亿斤以上，并力争逐年稳中有增。目前，夏粮长势很好，有丰收的基础。

### 要把脱贫攻坚成果全面巩固好

打赢脱贫攻坚战很不容易，要巩固好这一历史性成果，也绝非易事。我们要总体上保持脱贫地区主要帮扶政策稳定，在西部地区还要确定一批重点帮扶县，在乡村振兴过程中来帮助他们发展。对易返贫致贫人口，建立动态监测机制，早发现、早干预、早帮扶。总之，就是要牢牢守住不发生规模性返贫的底线。

## 要把富民乡村产业着力发展好

农民要富口袋、要致富，关键还是增加他们的收入，这是解决农村很多问题的物质基础和基本前提。主要是要利用农业和乡村的多种功能，不仅是给大家提供食物，还有生态涵养、体验休闲、文化传承等功能。把这些功能优势发挥出来，发展体验休闲等新产业、新业态，促进农村一、二、三产业融合，把产业链延长，把产业尽可能留在乡村，让农民能参与、多得利。

## 要把乡村的硬件、软件扎实建设好

推动公共基础设施往村覆盖、往户延伸。现在很多基础设施到行政村基本都解决了，再往下也解决了一部分，但是还有差距。下一步重点是推动行政村以下的基础设施建设，特别是道路，因为道路有通村组的路、村内的主干道，还有发展产业的产业路、资源路、旅游路等，要把这些路的问题解决好。然后就是农产品的仓储保鲜冷链物流。农产品的上行出村进城和工业品的下行进村入户，解决这两大方面的问题，既方便群众生活，同时又促进生产。这些设施是下一步要优先推进的重点。还要提高农村公共服务水平，加强改进乡村治理，建设文明乡风，在精神文明建设方面力争有大的进步。经过一段时间努力，使乡村的面貌从里到外都有更大的变化。

（作者系中央农办主任、农业农村部部长）

# 全面推动乡村振兴促进法的有效实施

⊙ 陈锡文

　　《中华人民共和国乡村振兴促进法》（以下简称《乡村振兴促进法》）是在迎接建党一百周年、开启第二个百年奋斗目标之际通过实施的一部重要法律。为了保障乡村振兴战略的有效贯彻，落实 2018 年中央一号文件中"把行之有效的乡村振兴政策法定化，充分发挥立法在乡村振兴中的保障和推动作用"的要求，制定这部法律的着力点就是把党中央关于乡村振兴的重大决策部署，包括乡村振兴的任务、目标、要求和原则等转化为法律规范，确保各地不松懈、不变调、不走样，持之以恒、久久为功地促进乡村振兴。同时把党中央、国务院确定的促进乡村振兴的政策措施，特别是坚持农业农村优先发展、健全城乡融合发展的体制机制、建立新型城乡关系等方面的政策，通过立法确定下来，确保政策的稳定性、连续性和权威性。并且总结各地创造的被实践证明行之有效、可复制推广的乡村振兴经验上升为法律规范，为加快推进农业农村现代化，走中国特色社会主义乡村振兴道路提供有力的法治保障。

　　在起草工作中，我们坚持认真学习领会习近平总书记关于"三农"工作的重要论述和党中央关于实施乡村振兴战略的决策部署，及时跟进学习习近平总书记的最新讲话精神和党中央最新决策部署，并切实贯彻落实到法律草案中。特别是围绕习近平总书记强调的确保国家粮食安全、严格保护耕地、解决种子"卡脖子"问题等，有针对性地作了规定，完善相关法律制度，充分利用法律手段，促进这些问题从根本上得到解决。

这部法律的制定始终坚持依法立法、科学立法、民主立法。在起草过程中，党中央和国务院各有关部门积极参与，群策群力，多次召开各种层次的座谈会，充分讨论交流，广泛听取意见，反复研究论证，不断修改完善，并深入地方开展调研，总结实践经验，特别是充分发挥代表在立法工作中的作用，书面征求了500多位全国人大代表的意见，努力制定一部反映民意、集中民智、凝聚民力的良法。

《乡村振兴促进法》是一部综合性法律，是为实施乡村振兴战略保驾护航的法律。法律确定的"促进"措施是全方位的，规定的产业发展、人才支撑、文化繁荣、生态保护、组织建设、城乡融合等，既是乡村振兴的必然要求，也是乡村振兴的重要内容。这部法律是在现行农业法等涉农法律的基础上制定的全面促进乡村振兴的法律，不替代农业法等其他涉农法律，与其他涉农法律共同构成农业农村法律制度体系，在起草过程中就注意处理好与现有涉农法律的衔接，同时也作出一些创新性规定。例如，明确提出要充分发挥乡村在保障农产品供给和粮食安全、保护生态环境、传承发展中华民族优秀传统文化等方面的特有功能；促进在城镇稳定就业和生活的农民自愿有序进城落户，明确不得以退出土地承包经营权、宅基地使用权、集体收益分配权等作为农民进城落户的条件等。

《乡村振兴促进法》着眼于促进，主要内容是促进乡村振兴的政策措施和制度设计，同时也针对乡村振兴过程中可能面临的突出问题规定了相应的限制条款。例如，为保护生态环境，对使用农药、化肥等农业投入品，对污染环境、破坏生态的企业、产业的转移，规定了禁止和限制措施；为严格保护耕地，确保国家粮食安全，明确要求严格控制农用地转为建设用地，严格控制耕地转为林地、园地等。

法律的生命力在于实施。推进《乡村振兴促进法》的有效实施，全国人大农业与农村委员会责无旁贷。下一步，我们要紧紧围绕实施乡村振兴战略的大局，努力做好法律实施的相关工作。

一是大力宣传《乡村振兴促进法》。让各级干部特别是农村基层干部以及广大农民群众充分认识这部法律的重要意义，了解法律确立的政策措施和制度，是法律有效贯彻实施的重要前提。全国人大农业与农村委员会要积极与有关部门沟通联系，通过各种渠道，采取多种形式，利用各种机会，广泛宣传《乡村振兴促进法》，使法律深入人心，为法律的有效实施打好基础。

二是支持和帮助地方制定配套法规。在《乡村振兴促进法（草案）》起草过程中，各省、自治区、直辖市非常关注这部法律的立法进程，有些地方人大来访、来电沟通交流立法进展情况，期盼法律及早出台。全国人大农业与农村委员会要继续加强与地方人大的联系和交流，积极支持和帮助地方人大结合地方实际，及时制定更有针对性和可操作性的配套法规，使《乡村振兴促进法》的规定更好地落实落地。

三是协助全国人大常委会依法履行监督职责。按照《乡村振兴促进法》第七十条规定，县级以上各级人民政府应当向本级人民代表大会或者其常务委员会报告乡村振兴促进工作情况。全国人大农业与农村委员会要关注国务院有关部门和地方贯彻实施《乡村振兴促进法》过程中的新情况、新问题，协助全国人大常委会就法律实施情况开展监督检查，做好听取工作报告等相关工作，及时提出相关意见建议，推动《乡村振兴促进法》有效贯彻实施，促进乡村全面振兴，促进农业高质高效、乡村宜居宜业、农民富裕富足。

（作者系湖南师范大学中国乡村振兴研究院首席专家，全国人大农业与农村委员会主任委员）

# 国家乡村振兴重点帮扶县如何转变发展思路

⊙ 王正谱

打赢脱贫攻坚战后，脱贫地区特别是重点帮扶县，要将工作重心转移到巩固脱贫成果、推进乡村全面振兴上来。这既是中央的要求，也是现实的需要。要确保工作平稳过渡，实现脱贫攻坚到乡村振兴的有效衔接，首要的是根据形势变化，转变思路观念。

## 一、重点帮扶县是巩固拓展脱贫成果的重中之重，也是乡村全面振兴亟须补齐的突出短板

脱贫攻坚目标任务全面完成后，西部地区脱贫县特别是原深度贫困县，自然条件差，历史欠账多，自我发展能力弱，仍然是全国区域发展中的突出短板。中央作出集中支持国家乡村振兴重点帮扶县的战略安排，既是西部脱贫地区的所需所盼，也是巩固拓展脱贫成果、全面推进乡村振兴的战略考量。

按照中央部署，西部 10 省市区根据人均地区生产总值、人均一般公共预算收入、农民人均可支配收入等指标，统筹考虑脱贫摘帽时序、返贫风险等因素，结合各地实际，确定 160 个国家乡村振兴重点帮扶县，经中央农村工作领导小组批准同意，已报告党中央、国务院。这 160 个县，绝大部分都是原深度贫困县，都是经过多轮攻坚最后才啃下来的"硬骨头"，巩固拓展脱贫攻坚成果、全面推进乡村振兴任务十分艰巨。

一是防止返贫的任务特别重。重点帮扶县数量不到全国县级单位的 6%，但防止返贫的任务却占了相当大的比重。其累计脱贫人口占全国总脱贫人口的近五分之一，收入虽然实现了快速增长，

但到 2020 年也只有全国脱贫人口平均水平的 90%。据动态监测，全国易返贫致贫人口约 438 万，重点帮扶县占了近 30%；全国易地搬迁脱贫人口 960 万，重点帮扶县占了近三分之一；全国有 66 个万人以上集中安置点，其中 43 个在重点帮扶县。

二是持续发展的基础比较弱。重点帮扶县人均 GDP 仅为全国的三分之一，一般公共预算收入不到全国的六分之一，人均耕地灌溉面积不到全国的十二分之一，农村人均用电量刚刚超过全国的三分之一。不少地方产业发展起步晚、规模小、布局散、链条短、销售难，产业同质化问题还比较严重，近 40% 的村集体经济年均收入低于 5 万元。基础设施和公共服务差距明显，有 106 个县不通铁路，69 个县不通高速公路，万人医疗床位数仅为全国的一半，160 个县平均农村低保标准低于本省和全国水平。

三是区域相对集中，困难交织叠加。有 68 个重点帮扶县集中在 10 个市州，四川凉山就有 10 个、甘孜 9 个，云南昭通 8 个，广西河池、百色各 7 个，这些市州的任务相对较重。有不少县是集地质灾害高发区、革命老区、少数民族地区于一体，有 73 个县在地质灾害高发区，114 个县在少数民族地区，44 个县在革命老区。还有一些地方由于历史原因，社会文明程度较低，社会发育仍然滞后，不少群众沿袭陈规陋习，自我发展动力和能力仍然不足。这些都给巩固拓展脱贫成果带来风险隐患，影响制约了乡村全面振兴。

## 二、支持重点帮扶县，需要强化政策倾斜、聚焦持续发展

集中支持重点帮扶县，不仅要补短板，更要帮发展。"十四五"期间，针对重点帮扶县发展基础薄弱的现实问题，给予全方位的政策支持至关重要。为确保拿出有含金量的政策，胡春华副总理亲自研究部署，中央 29 个相关单位和部门，反复研究，想方设法，提出了一系列倾斜支持政策。归纳起来，这些政策主要有三大类。

一是强化投入保障。在资金投入方面，中央财政加大倾斜支持力度，在衔接推进乡村振兴补助资金、农村危房改造补助资金、农业生产发展资金、卫生健康和医疗救助投入等多个方面予以倾斜，允许统筹整合使用财政涉农资金政策延续到 2025 年，比其他脱贫县增加了两年。在金融帮扶方面，努力实现银行保险机构全覆盖，支持异地设立证券基金经营分支机构。督促将新增可贷资金主要用于当地，提高信贷资金适配性。继续实施小额信贷，确保应贷尽贷。对企业申请首发上市、新三板挂牌、发行公司债券和资产支持证券融资的，即报即审、审过即发，免征

新三板企业挂牌初费。优先支持开展优势特色农产品保险、"保险＋期货"等项目。在土地政策方面，过渡期内为重点帮扶县每年每县安排建设用地计划指标600亩，专项用于巩固拓展脱贫攻坚成果和乡村振兴。明确建设用地增减挂钩节余指标调剂使用、规划审批、土地利用、耕地保护等政策延续实施并予以倾斜。在人才支持方面，适当放宽人员招录条件，在待遇职称、"三支一扶"计划等方面予以倾斜支持，围绕乡村特色产业，按照"一县一业"模式，选派科技特派团。

二是突出产业就业。在产业帮扶方面，倾斜支持建设优势特色产业集群、农业产业园，认定龙头企业，优先支持品牌培育、冷链设施，对认证绿色食品、有机农产品实行费用减免。试行农技推广人员"县管乡用、下沉到村"新机制，推动完善产业技术顾问制度，倾斜支持实施高素质农民培育计划。支持打造优质乡村旅游品牌，支持乡村旅游重点村镇名录建设。在就业帮扶方面，对打造区域性劳务品牌予以倾斜支持。统筹用好公益岗位，按规定促进符合条件的弱劳力、半劳力等家庭就近就地解决就业。在开展职业技能帮扶中予以倾斜支持。逐步调整优化生态护林员政策，稳定生态护林员队伍。在社会帮扶方面，结合东西部协作、中央单位定点帮扶政策的调整优化，在帮扶资源安排上予以倾斜，开展"万企兴万村"行动，加大产业、劳务协作力度。

三是加强基础设施建设和公共服务保障。在基础设施建设方面，对符合条件的建设项目予以优先规划布局，在推进能源资源开发、输电通道、交通运输、铁路机场等重大项目，以及中小型水库、电信普遍服务等农村基础设施项目上予以倾斜。加强农村已建供水工程运行管理，管护经费予以倾斜支持。在公共服务方面，启动实施并倾斜支持"中西部欠发达地区优秀教师定向培养计划"。以未达到二级甲等医院水平的县医院为重点，开展针对性帮扶。倾斜支持基层应急能力建设。优先推进"快递进村"和文艺下乡。支持重度困难残疾人家庭无障碍改造等项目。落实低保等社会救助兜底保障政策。需要强调的是，除统筹整合使用财政涉农资金、东西部协作、中央单位定点帮扶、建设用地增减挂钩节余指标跨省域调剂使用政策适用特定区域外，支持国家乡村振兴重点帮扶县的政策，对西藏、新疆同样适用。

## 三、推动帮扶取得实效，关键要协同用力、狠抓落实

我们要认真贯彻党中央、国务院决策部署，坚持中央统筹、省负总责、市县乡抓落实的工作体制，强化组织保障，加强协调指导，全面抓好落实。

一要转变思路观念。从解决"两不愁三保障"转向推动乡村全面振兴，这是

目标任务的调整。通过脱贫攻坚，"两不愁三保障"问题得到全面解决，为实现全面小康补齐了突出短板。接下来的目标是实现现代化。为达到这一目标，巩固拓展脱贫成果是基础，推进农业、农村、农民的全面振兴是保障。也就是说，过渡期对160个县的倾斜支持，重点是帮发展、促振兴。从突出到人到户转向推动区域发展，这是工作方式的转变。脱贫攻坚强调因人因户精准施策，乡村振兴的目的不仅是农民富，还要实现农业强、农村美，关注的是一个村、一个镇、一个县的全域发展。重点帮扶县要强化区域统筹、系统发展的思维，规划产业、使用资金、落实政策，在牢牢守住不发生规模性返贫底线的基础上，着力推动产业发展壮大，促进区域整体发展。从以政府投入为主转向政府市场有机结合，这是政策机制的转变。脱贫攻坚中，政府投入是绝对主力，不仅有各级财政的真金白银，还有国有企业、部门单位的倾力支持，绝大部分都是无偿的。推进乡村振兴，深度、广度、难度都不亚于脱贫攻坚，政府投入必不可少，但继续要求无偿援助，是不可持续的。所以，支持重点帮扶县，政策倾斜是基础，财政投入是引导，市场的作用要更加突出。各地要积极探索有效机制，利用好国家政策倾斜，通过市场手段，引导社会资源和各方力量，持续支持重点帮扶县全面发展。

二要压紧压实责任。支持重点帮扶县，不仅要充分发挥帮的力量，更要压实各地干的责任，推动上下齐心，形成强大工作合力。首先是加强统筹协调。各级党委农办、农业农村部门、乡村振兴部门要充分发挥统筹协调职能，积极协调配合相关单位和部门，细化政策举措，制订实施方案，反馈落实情况，及时解决政策执行中存在的困难问题。其次是强化省负总责。各省要借鉴脱贫攻坚经验，聚焦乡村全面振兴，建立健全上下贯通、精准施策、一抓到底的工作体系，为支持重点帮扶县强化组织保障。对工作推进情况，各省要建立台账，掌握进度，研究解决突出困难问题，督促推进政策全面落实。最后是压实市县乡责任。有重点帮扶县特别是比较集中的市州，要和县里共同研究，指导各县拿出切合实际的工作方案，帮助县里争取更多资源。重点帮扶县要强化主体责任，认真组织研究，及时制订实施方案，明确乡镇和村级工作任务，细化具体要求，确保责任层层压实到乡到村。

三要吃透用好政策。国家层面和各省出台的一系列支持政策，内容涉及方方面面，还有一些政策比较专业，要用好用活，我们需要下一番功夫。首先要梳理研究政策。各地要结合实际，把本地用得上的政策掌握全、梳理清、研究透，建立政策清单。各省要结合实际，参照国家的做法，出台省级的支持政策。在此基础上，要以省为单位，通过多种形式，组织县乡有关干部开展培训，帮助他们学习领会好支持政策。其次要把政策变成项目。政策要落地，项目是最好的承接载体。

要深入分析各县的短板弱项和独特优势，结合乡村需求，聚焦监测帮扶、产业就业、乡村建设、基层治理等方面，论证设计一批乡村振兴项目，进一步完善县级项目库建设。要充分考虑发展阶段、承受能力，排出优先顺序，统筹推进、稳步实施。最后要做好沟通协调。各地要主动向有关部门汇报情况，请教政策，争取支持。也请相关部门加强业务指导，全面解读支持政策，跟踪了解落实情况。采取适当方式，协调相关部门开展政策培训，帮助基层精准把握，防止执行走偏，推动政策发挥最大效益。

四要突出县级主体作用。160个县，既是被帮扶的对象，更是落实集中支持政策的主体。引导重点帮扶县不等不靠，主动作为，利用后发优势，尽快迎头赶上，尤为重要。一是充分授权。乡村振兴衔接补助资金直接到县、涉农资金可以继续整合使用、每县每年安排600亩建设用地指标、人员招录可以适当放宽条件等，这些政策都给了县级自主权。在具体操作中，除了必要的监督，省市要充分放权，也要指导县级向乡村放权，确保县一级能够调配更多的资源，乡镇能够有更多的自主权。二是做好规划。5年过渡期，每个重点帮扶县干些什么、怎么干，哪些先干、哪些后干，目标是什么，资金怎么整合，产业怎么布局，项目怎么安排等，不仅要有总体安排，每年还要有具体的实施方案，这样才能有的放矢。对每个重点帮扶县的工作规划，建议省上进行技术指导，安排有关方面专家参与规划编制，提升规划的科学性、有效性。三是跟踪问效。政策落实怎么样，各部门要跟踪评估，及时指导各地调整完善实施方案，改进工作方式。省市两级要根据既定规划目标，定期调度工作，开展监测评估，强化乡村振兴实绩考核，引导县委书记当好一线总指挥。

五要两手抓两不误。一方面，要把防止返贫作为重要基础。要抓实防止返贫动态监测帮扶，凡是有返贫风险的，都要及时掌握，精准帮扶；要强化易地搬迁后扶工作，聚焦大中型集中安置点，多渠道促进增收，强化社区治理，促进社会融入；要持续抓好脱贫人口稳岗就业，有针对性地开展技能培训，扶持办好就业帮扶车间，深入抓好劳务输出，稳步提升脱贫人口就业数量和质量。另一方面，要稳步有力推进乡村振兴。要立足实际，科学谋划，稳扎稳打，久久为功；要狠抓产业发展，优化产业布局，完善产业体系，推动特色优势产业提档升级；要积极推进乡村建设，因地制宜推进农村人居环境整治，特别要抓好农村厕所革命，一体推进污水和垃圾整治；要加强和改进乡村治理，加快乡村精神文明和生态文明建设，努力实现产业每年都有新发展，乡村面貌每年都有新变化，农民生活每年都有新提升。

（作者系国家乡村振兴局党组书记、局长）

# 时政解读：名家讲座

## 从城乡二分到城乡融合

⊙ 刘守英

在乡村振兴中之所以要提城乡融合，是将城乡融合作为城乡转型的新阶段、新形态，来探讨当前中国城乡转型以及推进城乡融合面临的困境和未来的发展路径。

### 一、从城乡二分法到城乡连续体

在国内和国际上通用已久的城乡二分法，并没有统一的划分城市和乡村的标准，只在社会类型、社会团结方式、社会心理等社会层面上，强调城、乡的差异与对立。这种传统的城乡二分法带来了两种截然不同的发展主义：城市主义和乡村主义。前者暗含了城镇优于乡村的假设，强调城市化是一种不可避免的发展趋势，发展的目标应以城市化为主；后者的核心则是反对城市化进程，认为乡村生活才是美好宁静的理想生活，因此必须停止城镇的扩展、将建筑限制在明确定义的区域内，以此保护农村免受城市扩张和城市生活方式的侵袭。

从政策后果来看，基于城乡二分法这一传统范式，"城市主义"要求社会治理和政策制定以满足城市需要为目标，因此乡村处于从属和被动付出的地位；"乡村主义"则只看到乡村生活的美好恬静，忽视了普遍存在的贫困和歧视问题。因此，不管是"城市主义"还是"乡村主义"，都是将城市和乡村视为独立割裂的个体，认为两者存在对立关系，而忽视了城市与乡村间的整体性与连续性。

基于以上批判，学界提出了城乡连续体的概念体系。与城乡二分法不同，城乡连续体不是从简单的二元视角区分城市和乡村，而是认为在完全农村地区和完全城市化地区之间存在一个以连续等级呈现的连续体，所有人类社区都置在连续体的某个点上。它的表现方式有以下三点：一是乡村产业不断复兴，非农人口向乡村流动，社会设施和自然设施等不断融合，城乡呈现融合状态；二是城乡社会特征重叠，人口密度、人际关系、产业发展、精神状态等城乡特征界限变得模糊；三是城乡关系发生变化——乡村不仅是食物的重要生产地，也逐渐变成提供公共品的主要场所。城乡互动日益增强，从对立竞争走向融合互补。

此外，城乡连续体还呈现出以下四个特征：其一，由于郊区在环境、产业、基础设施等方面对人口的吸引力逐渐增强，广阔的城市郊区和农村地区成为人口迁移的新方向；其二，大都市区内形成产业链，城乡经济相互依存；其三，乡村产业结构非农化、多样化趋势明显，乡村产业结构趋同于城市地区；其四，城乡之间收入水平、生活幸福感、生活质量差距也进一步缩小。

## 二、城乡融合是城乡转型的形态

城乡融合是城乡转型的一个阶段和形态，世界上许多国家和地区都经历过或正在经历这一阶段。

从美国来看，城乡连续体可分为都市区（中心城市、郊区）和非都市区（乡村和小城镇）。20世纪初期，特别是战后，美国郊区繁荣发展，意味着单向城市化思维开始转变为城乡融合。这一时期，美国郊区人口的总量和人口增长率逐渐高于中心城市和乡村地区；城市中心成为人口净迁出地，而郊区成为了净迁入地；大都市区内部的就业分布也主要位于非中心城区；同时，中心城市与郊区的收入差距发生扭转。到了20世纪末期，由于移民流动的变化，美国的乡村和小城镇开始复苏，非都市区的人口迁入量与都市区人口迁入量趋同；乡村经济开始呈现出多样性的特征；乡村产业的非农化趋势明显；城乡居民收入差距不断减小。

从英国来看，城乡连续体被划分为以下几类：农村（农村人口大于80%）、大乡村（农村人口占比50%～79%）、有显著乡村区域的城市（农村人口占比26%～49%）、有城市和镇的城市、小城市群以及大都市城市。英国城乡融合在人口方面的主要特征包括大城市人口大量流失、乡村和小城镇人口增长明显；在经济和产业方面则表现为城乡居民收入差距减小、乡村地区在国民经济中占据不小的比重、乡村地区经济活动丰富且产业结构复杂等。

### 三、中国城乡转型中的城乡融合困境

目前，中国城乡转型以及推进城乡融合面临以下几个困境。

第一，中国城乡格局发生变化，城镇人口比重已由 1953 年的 13.26% 跃升至 2020 年的 63.89%（图 1）。

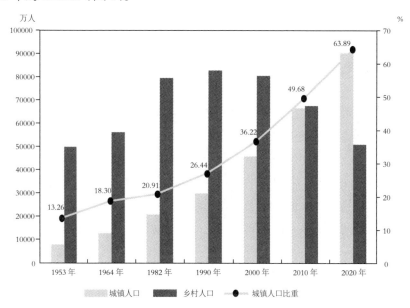

▲图 1　历次人口普查城乡人口

（资料来源：第七次全国人口普查）

第二，人户分离加剧。第七次全国人口普查的调查数据显示，与 2010 年第六次相比，我国人户分离人口增长 88.52%，市辖区内人户分离情况更为严重。

第三，人口流向发生变化。人口进一步向东部发达省份和核心城市群都市圈集聚，北方人口向南方迁移；中西部地区省会城市吸引力增强；人口省内流动规模占比显著增加，省内流动人口分布存在分化，以农民工为主的流动人口加快回流。

第四，"农二代"引发了代际革命，成为"离土出村不回村"的一代。近年来，"农二代"已成为中国境内劳动力迁移的主力军，跨省迁移、举家迁移的比例不断增加，且其经济社会特征已基本完成了城市化。从就业特征来看，相比于他们的父辈，一方面，"农二代"工作时长有所降低，更愿意追求工作与生活的平衡；另一方面，"农二代"受教育程度显著提升，也正因此，他们从事的行业多在制造业和服务业，

而非建筑业。从生活消费习惯来看，有数据表明，80 后"农二代"仅将 30% 收入汇回家乡，这表明他们的工资更多在城市中消费。此外，从跨省婚姻增加、在城市中关系网络增强、在城市交社保的比例增加等方面都可以看出，"农二代"正逐渐与乡村疏离。

第五，县城正在高度分化。具体表现为：县域人口增长缓慢；南部沿海经济区人口比重大、增长快；各经济区第二产业发展迅速等。

## 四、政策思考

第一，要构建新型城乡关系，必须要着力破除城乡二分思维。

第二，对于城乡融合这一新形态、新阶段，尤其是其理论和基本特征，需要更为深入的研究。

第三，中国的城乡融合阶段在制度、人口规模、城市化模式、乡村发展模式等方面都有着特殊性，这些值得学者进行深入剖析。

第四，对于县城的未来不能武断下结论，农民的去处应当取决于农民的意愿。

（作者系中国人民大学经济学院院长、教授。本文是作者在浙江大学北京研究院举行的研讨会上的发言）

# 内生于日常生活的乡村秩序与治理

⊙ 徐勇

　　我算是改革开放以来最早从事基层治理的学者之一，长期跟踪实践并进行理论研究。在全国，广东、浙江和四川在基层治理创新实践方面一直是排头兵。特别是四川属于经济欠发达地区，特别重视基层治理创新。成都专门设立了社会建设委员会，创造了"党建引领"基层治理的新模式，非常难得。四川大学得天独厚，为适应国家需求，以四川省和成都市的城乡治理创新实践为基础，在城乡治理方面取得了突出成就，成为全国的研究重镇。

　　记得 1998 年全国开始推行城市社区建设，在全国设立了 26 个实验区。当时要解决的主要问题是大量下岗工人由社区承接的问题。当时"社区"还是一个新名词。20 多年过去了，社区已经成为人们日常生活中耳熟能详和不可或缺的要素。

　　如今，我国社会发生了重大变化，进入了中国特色社会主义建设的"新时代"。在这一背景下，我国的城乡社区治理由"低水平"到"高质量"转型。什么是高质量？怎样才能实现高质量？还是要紧扣新时代的主要矛盾，即人民日益增长的美好生活需要和不平衡不充分的发展之间的矛盾。"美好生活"是出发点，这是中国人历史传统的积淀和未来发展的导向。

　　在世界文明进程中，大量的文明体主要是依靠超越世俗生活的宗教来安排人间秩序，属于宗教秩序。所以，我们出国时会看到大量的宗教场所。中国是一个超大国家，没有一个超越世俗的统一的神，但人们的生活却井井有条。黑格尔说过："只有黄河、长江流过的那个中华帝国是世界上唯一持久的国家。"中国为何得以持久？依靠什么来维系生活秩序和历史延续？费正清是美国的中国学大家和开拓者。他在美国等西方国家对遥远的东方中国十分陌生的情况下，到中国求学和生活，后成为美国的中国学开创者，有大量论著。其中，《美国与中国》是一部具有比较意义的经典论著。在这部书里，他将中国与美国进行了比较，在他看来，"对一个享有较高物质生活水平的美国人来说，使他感到惊异的是中国农民在这样困苦的生活条件下，竟能维持一种高度文明的生活。问题的答案在于他们的社会习俗，这些习俗使每个家庭的人员，按照根深蒂固的行为准则经历人生的各个阶段和变迁。这些习俗和行为准则，一向是世界上最古老而又最牢固不变的社会现象。"之后，有愈来愈多的学者持与费正清相类似的观点，认为传统中国是一个"文化中国"，主要依靠文化而不是暴力进行治理。

作为"文化中国"，中国人的秩序内生于人们的日常生活中，并形成生活规则。在国尽忠，在家尽孝，是人们基本的生活信条。在中国，"孝"与"敬"是连为一体的。子女的顺从不是基于外部强制的服从，而是基于内心的顺从。"敬"是一种天然的尊重。这种尊重不是同一时间内基于父母子女平等关系而产生的，而是基于时间的变化带来的角色的变化。即前人与后人、前辈与后辈、上人与下人、老子与儿子、婆婆与媳妇都不是固定不变，随着时间的流逝，原有的下位角色会转换为上位角色。"每一组父子关系都是无尽的父子关系链中的一环。因为每个父亲同时也是儿子，而每个儿子按常规来说，都会成为父亲。所有人都置身于这个连续不断的关系网络中……个人在这个亲族关系网中没有自由，因为他四面被亲族包围着。但是他也几乎不存在被扫地出门的担忧，因为他可以从四面得到帮助。他给人的帮助同他期望得到的帮助完全相等。"如果本人不敬重父母，那么也意味着子女可能不敬重自己。这种角色转换的时间预期，使得人们的孝敬更主要的是基于内心。它与其他的社会和政治关系不同。在特定的政治关系下，君主世代为君主，民永远只是民，君主与臣民的关系只是压服，只能是基于暴力和利益的服从。

正因为"孝"产生的是家庭成员基于内心对家庭权威的顺从，是家庭存续的精神基础，"孝"得以成为家庭精神的核心价值，所谓"百善孝为先"。"孝"构成人们的行为法则，即"孝道"。正是因为有了"孝道"，人们的行为才有了预期，有了动力。否则，人们为什么要含辛茹苦养育子女、勤扒苦做创造财富呢？用民间的话讲，养育子女就是为了有个"指望"，这种"指望"如神灵一般支撑着人们。如果违背了"孝道"，就是违背了"公理"，就会受到普遍的谴责。中国文明能够绵延不绝，中国人的生活得以井井有条，依靠的就是这种内生于日常生活之中、具有时间性的自然秩序。用四川人的话讲，就是过得很"安逸"。新时代的主要矛盾定义于"美好生活需求"非常恰当，这是对历史的超越。过去物质贫困，只是"活着"，活得并不安逸，其生活秩序经常会因为贫穷和战乱而中断。进入新时代，全面实现小康，人们对生活的需求更加多样化，要求也更高了。不仅是"活着"，而且要活得更美好，活得更安逸。这就需要有效治理。但无论如何治理，都需要从人们的生活出发，遵循人们在日常生活中形成的内在规则，在新的层面建构新的生活秩序。

（作者系华中师范大学资深教授、人文社会科学高等研究院高级研究员、教育部首批文科"长江学者"特聘教授。本文是作者在四川大学举办的城乡基层治理现代化研讨会上的发言）

# 未来乡村与共同富裕

⊙ 黄祖辉

　　未来乡村是什么？未来乡村应该是立足于原有乡村的资源生态特色，然后又嵌入数字化、生态化和集成化的新技术元素，充分体现乡村的"三生"功能，即生产、生态、生活，同时又能体现城市的公共功能，把乡村的优点优势和城市的特点优势在未来乡村里面集成融合。

## 一、未来乡村的基本特征

　　乡村是生产、生态、生活，但我们乡村缺什么？缺现代化城市里面的公共服务。有效的公共服务就是教育、医疗、公共保障等，未来乡村应该是乡村的味道，加上城市的现代化公共服务。这是未来乡村一个非常重要的特征，而且是我们需要追求的一个目标。在这样的基础上，实现宜居、宜业、宜游，然后共同富裕的美丽乡村。

　　那么未来乡村的基本特征是什么？大体上应该是宜居的生态环境。不仅仅是乡村的老百姓宜居，未来乡村今后也一定是对城市开放的。乡村也是现代的产业形态，现代产业形态当然主要是农业，但是未来乡村的农业不仅仅是第一产业的农业，而是一个现代的乡村产业体系基础上的农业。农业应该是全产业链的，是多功能的一个现代的产业形态。

　　再就是融合的城乡关系。城乡是互通的，尤其是城市的要素是不断向现代乡村、向未来乡村进入的。实际上我们现在已经进入到城乡融合的阶段，双向流动非常明显，不仅有城市的要素和乡村的要素向非农化、向城市流动，我们现在的城市尤其是城市的居民，到乡村来的多了，这就是一个城乡融合的发展阶段。未来乡村一定是融合的，城乡关系体现的当然还是一个富足的居民农民的生活，居民的生活在乡村能体现。

然后是包容的文明乡风。未来乡村不光有我们现代的文化，还有能够包容、能够传承我们乡村旅游历史的各种文化。

未来乡村应该有高效的公共服务。高效的不仅是城乡融合的公共服务，如教育、医疗、养老、文化等，同时是有效覆盖的，也就是建立在一个乡村的空间、人口相对集聚的基础上的这种公共服务，把城市的这种功能在乡村体现，是未来乡村非常重要的一个方面。

最后是和谐的善治社会。我们在乡村振兴的过程当中，通过有效的治理（自治、法治、德治），然后逐步实现一个善治的乡村社会。

那么从本质上讲，美丽乡村建设的落脚点是什么呢？如果说以前的美丽乡村建设的落脚点是美丽、是景观，是乡村的外在状态，那么未来乡村建设应该更体现人本化、生态化和现代化，落脚点是幸福，使人们安居乐业、增收致富和实现美好生活的这种幸福，也是人与自然、社会、科技完美融合的幸福。简而言之，未来乡村建设应该是由美丽乡村向幸福乡村的升华，是从追求物的具象向人的幸福的升华。

## 二、未来乡村建设共同富裕的重点、难点

最近国家提出了支持浙江省高质量建设共同富裕示范区的意见，我想讲一下我们未来乡村建设和共同富裕的一些关系。

为什么现阶段要强调共同富裕发展问题，我想这是经济社会发展到一定阶段，即我们打赢了脱贫攻坚战，已经进入了全面小康社会，接下来要迈向基本现代化，实现第二个百年的奋斗目标，建设现代化强国。在现代化进程当中，实际面临一个问题：现代化应该是少数人的现代化，还是广大民众共享的、共富的现代化，这是一个非常重要的命题。

共同富裕的重点。第一是收入问题，就是收入分配差距太大的问题，怎么把它缩小，当然不是说做到大家平均。目前这种收入差距、地区差距、城乡差距、阶层差距要尽可能缓解。第二是公共保障问题，城乡的公共保障，尤其是农村居

民的社会保障问题。怎么能够城乡一体，怎么能够进一步提高水平？未来乡村的一个重要特点就是公共服务要非常有效率。第三是基础设施，还有人居环境，这些都是我们要解决共同富裕发展里面的一些短板和问题。

共同富裕的具体对象是谁？从收入角度来讲，主要是农村，尤其是原来的深度贫困地区、中西部地区的农村居民，因为他们的收入总体上在国家分配当中较低。其次是城市，城市居民当中也有一些低收入阶层。他们的收入可能人均比农村高，但是由于消费跟农村居民不一样，导致他们生活也困难。我们要重视城市当中的低收入阶层群体。然后是外来人口。就浙江省来讲，要实现共同富裕，就不能封闭，应该是开放和包容的。大量的外来人口在享受城市的公共保障、公共服务以及其他方面可能还是有距离，今后这个问题到底怎么样，都是我们需要考虑的。

共同富裕的难点。难点主要是收入问题。我们的共同富裕发展，怎么能够在发展过程中提高低收入群体的收入，路径在哪里？还是要建立在 GDP 做大、财富做大的基础上，在分配当中让低收入人群逐步上升到中等收入水平，当然这个是特别难的过程。

### 三、未来乡村建设的基本路径

国家农业农村的现代化进程，也是我们未来乡村的现代化建设过程，围绕着共同富裕问题的解决，要做好几个方面的工作。

第一，未来乡村建设要以推进全面乡村振兴为抓手。在这个过程当中，要高度重视城乡融合问题，农业农村的发展一定要建立在城市化带动城乡融合的过程中。今年中央一号文件特别强调，要突出以县城为重点的新型城镇化，来牵引城乡融合发展。未来乡村建设或者乡村振兴过程当中，要以城市化带动，而且城市化要以县城为重要载体。因为县域经济跟大城市相比，经济发展层次相对来说更适合文化程度较低、低收入群体的发展问题，更适合解决非农化发展问题。收入增长主要要靠非农化、城市化、第三产业来解决，而且第三产业还是最能容纳就业的。第三产业要发展城市化、非农化。城市化、非农化的重点，国家是放在县城，所有的产业政策、产业政策平台、物流供应链都已经有安排。所以我们未来乡村建设要以全面推进乡村振兴为政策抓手，要以城市化、以县城为重要载体来考虑布局，这是乡村振兴带动共同富裕的重要路径。

第二，未来乡村建设要实现对小农的带动和融入。要使小农和低收入群体能和我们的现代乡村产业发展有效衔接、有机融入，来实现收入的持续增长和共富，达到中等收入水平的问题也是个难点。我们过去很重视工商资本到农村去，这个很重要。但是关键是他们进入以后，能不能跟农民、小农结合。因为从共同富裕角度，这些人才是难点。

第三，未来乡村建设要重视乡村建设的合理布局。既要体现公共服务的公平性、融合性，又要体现乡村建设、基础设施建设、公共服务在空间的效率和有效覆盖。这种公共服务、教育、医疗的功能，不光取决于国家对农村的城乡公共保障的一体化建设，农村也必须要讲究效率问题，农村的人口一定要相对集聚。农村人口太分散，公共服务就不可能有效覆盖，这样就不能形成未来乡村。而且现在农村的公共服务问题、教育医疗问题，从城乡融合的角度来讲，不仅是农民的要求，也是城里人的要求。城市人口要到乡村来，公共服务跟不上，就吸引不了城市人口；吸引不了城市人口，乡村发展也很难。所以我们大力实施乡村建设行动计划，既不能大拆大建，也要考虑空间效率，引导乡村人口的相对集聚，使得公共服务能有效覆盖。

第四，未来乡村建设要坚定"两山"理念。自然生态在未来乡村建设当中，不光是给大家看的，还有其他的价值。比如，同一时间一个地方比另一个地方气候舒适，就是它的价值。这种价值怎么让它实现，怎么转换，这个非常重要。要通过市场的路径，通过产业生态化、生态产业化，把乡村自然生态的价值转换为我们的现代的休闲产业。再加上和现代农业结合，乡村体量就非常大，它的价值量就非常大。这是一个还没有完全开发出来的财富，它能进入国民的财富系统当中，农民就有机会。当然在资源生态的转化过程中，要注意它的价值实现、利益、收入怎么让更多的农民群体能够分享，能够发展致富。

第五，未来乡村建设要创新乡村集体经济发展思路。集体经济对于农村经济发展具有重要作用，在协调农村农民发展、跟外部资本的关系以及资源转换过程中，我们的集体组织能够起到协调作用，同时也能够通过其协调以及平台功能，调控一些收入分配当中的问题。这是中国特色的一种组织制度，农村发展是非常需要集体经济发挥作用的。

（作者系浙江大学中国农村发展研究院首席专家。本文根据作者在湖南农业大学"第二届中国乡村振兴与发展国际高峰论坛"上的发言整理而成）

# 中国 2020 年后绿色减贫发展趋向

⊙ 张琦

随着我国绝对贫困问题的解决，2020 年后我国贫困问题进入新的发展阶段、迎来新的历史挑战，缓解相对贫困问题进入议事议程，相应的扶贫减贫的重点也将发生变化。步入中国特色社会主义新时代，我国社会主要矛盾已经转化为人民日益增长的美好生活需要和不平衡不充分的发展之间的矛盾。绿色减贫作为全面贯彻绿色发展理念、提升贫困群体对美好生活满足感的主要途径，将成为 2020 年后我国减贫的必然选择。为此，正确认识 2020 年后绿色减贫的战略定位、总体原则、总体思路与时序目标，对于推进我国的绿色减贫具有重要意义。

## 一、战略定位：从国家层面推动"绿色减贫工程"，制定《绿色减贫十年规划》

2020 年以后，绿色减贫战略应当作为国家战略提上议事日程，可以以"绿色减贫工程"从国家层面具体推动实施。原因基于以下两点：

第一，绿色减贫是 2020 年后减贫战略的难点，是一项重要而长期的任务和目标，有必要上升至国家战略层面。如何严格按照党中央决策部署，把生态文明建设融入贫困地区经济、政治、文化、社会建设各方面和全过程，明确贫困地区绿色发展的总基调，切实把绿色发展融入到新阶段的扶贫工作中、项目中、资金投入中和每一个帮扶措施及扶贫产业发展培育中，将是未来减贫工作的重点和难点，需要从国家层面推动。

第二，绿色减贫需要从国家战略层面建立一系列制度，需要协调各个部门和其他国家战略。绿色减贫是一项综合工程，在具体实施过程中涉及农村、农业工作的各个方面，需要多部门配合，尤其是需要财政、金融、发展与改革、环保、农业等部门配合、协调解决一些重大问题。例如2020年后西部欠发达地区的定位问题、主体功能区项目审批和产业调整问题、贫困地区财政金融支持问题等。这些重大问题又涉及另外一些国家战略的微调，例如欠发达地区发展定位和西部大开发战略之间的关系、处于限制和禁止开发区的困难县项目审批产业发展调整与主体功能区战略之间的关系。因此，需要从国家层面推动，以协调绿色减贫工程与其他国家战略之间的关系。

## 二、总体原则：区域瞄准，兼顾保护与开发

2020年后的绿色减贫政策，以精准扶贫以来的扶贫开发实践和2020年以后贫困发生规律为出发点，确定中西部欠发达地区的功能定位，进而确定以区域瞄准为基础的长期发展规划，并以此为基础进行对应的制度安排。

第一，开发与保护并重、分区域实施，宜开发则开发、宜保护则保护，突破"开发与保护"的二难境地。对于开发难度大、益贫效果低、环境压力大的地区，特别是以往的深度贫困地区，以环境保护为主，重点实施生态补偿和生态扶贫搬迁工程；对于绿色资源富集、环境压力较小的地区，以绿色资源开发为主，可以通过绿色产业、公益性岗位等手段进行绿色减贫。

第二，以"三个面向"为原则，分类实施绿色减贫战略：面向深度贫困地区，面向生态脆弱地区，面向绿色资源富集地区。不同区域的战略重点各有侧重，深度贫困地区以保障民生、继续努力夯实脱贫基础为主；生态脆弱地区以移民搬迁、生态改善、公益性岗位为主；绿色资源富集地区以绿色资源开发为主。

## 三、总体思路

以习近平新时代中国特色社会主义思想为指导，在把握人民日益增长的美好生活需要和不平衡不充分的发展之间的矛盾的基础上，以绿色减贫为总基调，加大在贫困地区的生态保护投入，促进生态脆弱地区和重要生态功能区发展，实现

贫困地区经济、社会、环境生态协调发展。

不断完善绿色减贫的财政金融支持体系，通过国家转移支付、金融市场支持、社会资本引入等手段，更好地发挥财政政策撬动全社会资金向贫困地区倾斜的作用，形成有一定活力的财政金融环境。发展绿色扶贫产业，改善贫困地区的投资条件，在贫困地区广泛形成具有地方特色、大幅提升贫困人口收入的绿色产业。加强绿色资产建设，提高绿色资产的扶贫效果，建立贫困地区长效的绿色资产收益机制。通过绿色产业、绿色资产收益，使得贫困地区人民生活更为宽裕，形成一定规模的中等收入群体，逐渐促进贫困地区城乡区域发展差距和居民生活水平差距缩小。提高贫困地区的公共服务水平，改善贫困地区的生态环境，促进生态环境根本好转、美丽中国目标基本实现。挖掘传统文化、倡导绿色文化，彻底改变贫困地区精神面貌，形成具有一定竞争力的特色文化。

## 四、时序发展

总体来看，2020年后绿色减贫可分为三个阶段（至2035年，以乡村振兴第二个阶段完成为时间节点）：2020年至2025年，完成绿色减贫的体制机制建设，完成生态扶贫搬迁；2025年至2030年，绿色资源开发形成规模，形成具有核心竞争力的现代化绿色产业；2030年至2035年，绿色产业基本实现现代化，欠发达地区农民就业质量大幅提升，相对贫困问题得到一定缓解。具体来看：

2020年至2025年，基本完成绿色减贫体制机制建设，绿色减贫理念深入人心。中西部欠发达地区的功能定位重新明确，禁止开发区、重要生态功能区的生态扶贫搬迁全部完成。绿色资源资产收益制度基本完备。第一，围绕2020年后我国贫困发展状况，在充分发挥我国政治制度优势、汲取减贫历史经验的基础上，基本建成以绿色减贫为主导的扶贫体制机制，生态补偿制度运转有效，绿色GDP核算、绿色减贫考核体制机制基本健全，环境保护切实得到落实。在此基础上，开始考虑解决相对贫困、城乡统筹减贫等问题。第二，广泛宣传、引导绿色减贫，使得绿色减贫理念深入人心。目前，虽然各地对绿色减贫探索很多，但对于绿色发展、绿色资源挖掘、绿色产业发展等问题还有提高、深入的空间，通过5年左右的宣传、引导，使得绿色减贫的理念深入人心。第三，明确欠发达地区的功能定位。主体功能区中禁止开发区、限制开发区以及重点生态保护区域等不适宜、不能发展产业的区域生态扶贫搬迁全部完成。目前有必要综合考虑，研究该类地区的长期发展问题，可以沿用"十三五"易地扶贫搬迁的政策，将居住在此类地区中的贫困人口全部搬迁，争取用 5 年时间，全部完成易地搬迁。第四，形成运转有效、收益高、覆盖广、益贫性强的绿色资产收益制度，充分挖掘贫困地区的绿色资源。

2025 年至 2030 年，形成具有核心竞争力的现代绿色产业，城乡基础设施、公共服务基本实现均等化，城乡收入差距大幅缩小，共享发展基本实现。第一，通过 10 年探索，力争使欠发达地区形成具有竞争力的现代绿色产业，特别是围绕资源禀赋、产业升级、消费升级，实现欠发达地区绿色产业的弯道超车，在资源禀赋的地区，形成具有行业龙头地位的绿色产业，大幅提升欠发达地区在绿色产业链的位置，充分挖掘其绿色禀赋的资产价值。第二，欠发达地区城乡基础设施、公共服务基本实现均等化。2020 年后，仍然需要对欠发达地区的基础设施进行大幅投入，并且加大对公共服务的投资力度，力争通过 10 年建设，基本实现城乡基础设施、公共服务均等化。第三，城乡收入差距大幅缩小，共享发展基本实现。2020 年后绿色扶贫，通过产业发展、财政制度、税收制度改革，提升共享发展水平。此外，2020 年后减贫战略的核心仍然在于提升低收入人口的收入，一方面通过绿色产业实现发展，另一方面通过解决就业、完善最低工资制度等手段，推动城乡收入差距大幅缩小。

2030 年至 2035 年，乡村振兴第二个目标基本实现，相对贫困问题也得到缓解。欠发达地区人力资本水平不断得到提升，治理水平和治理技术不断完善提高，收入大幅增长，传统文化、地方文化得到充分发扬，乡村振兴战略第二个目标基本实现。相对贫困进一步缓解，共同富裕迈出坚实步伐。

（作者系湖南师范大学中国乡村振兴研究院专家委员、北京师范大学中国扶贫研究院院长。本文是作者在湖南师范大学中国乡村振兴研究院的专题讲座的节选）

# 完全以村民为主体的乡建实践

⊙ 王求安

全国第七次人口普查数据显示，住在乡村的人口 50979 万，农村人均住房面积 47.3 平方米，农村住房面积达 269 亿平方米。建筑面积和住房需求是特别大的一个量，但是这个量基本上没有太多的建筑师或设计单位为他们提供设计和支持。

村民在没有设计支持的指导下一直在自建，四十年间乡村不停地拆建，村民大量的财富都留在不停拆建的混凝土建筑里。我们作为建筑设计从业者，是不是可以帮助他们建房子，从另一方面解决乡村的形象和生活方式问题？因此在这十年间，我们在全国整村推进一些项目，解决一个村的居住环境问题，主要分改造和整体新建两种类型。

## 村民主体，全程参与

在整村推进项目中，有两类人很关键，一类是书记，一类是村民，要让书记支持我们，说服村民进行建设。其中村民的工作很难做，我们探索出了几种办法：

其一，村民大会。我们经常在村民的院子里或广场上开村民大会，村民对规划团队不信任，我们频繁地和他们交流接触，可以增强村民的信心。

其二，建立群聊。我们建立了一个全村人的大群，开始特别闹，状态比较糟糕，但一段时间沟通后会变得比较安静，由此能判断村民开始接受。然后我们再建立以家庭为单位的小群，在小群里沟通具体事情。

其三，驻场办公。一个项目全程跟踪两年，很多同事在村民家里办公，和村民一步步地沟通，甚至陪村民一起购买家具或添置东西。

## 消隐的乡村设计策略

江西有一个高岭村，这个村以前遭遇冰灾，村民被困山上两个月，发誓再也不住山上，因此他们都搬到县或镇里住，撤出村子十几年了。前几年一个驴友在村里拍了一张银杏树照片，把村子带火。当地请我们到该村做一个改造。

这个老村子，我们希望设计痕迹不重，把消隐感做得更强烈。我们和村民们一起慢慢清理场地，让当地村民自己来建设，用周边材料来砌道路和挡土墙，整治基础环境，依山就势，用当地的材料，尽量少地影响环境。

接着是民宿改造。客家民居有一个限制是开间特别窄，我们把里面的空间全部拆掉。每个房子是几个人或一个家庭、两个家庭一起住，全部拆掉后做了大量的生活空间。整个建筑的外面保留着客家民居的特点，内部是一个全新的空间，所有的家居强调舒适感和体验感，目前一期的房子已经建设完成，开始运营。

## 产业兴旺，生态也要宜居

重庆荣昌河包镇是西南地区普通又不普通的一个镇，其不普通在于它是一条被藏起来的古街。镇里有粉条产业，一年七八个亿的产值，还有一定的历史文化，比如白塔、教堂等。

河包镇有三百年前的房子，也有五十年代的红砖房，是一个很丰富、很自然生长的小镇。我们提炼了几种当地材质，一对一地沟通，每家每户做设计，当村民看到自己房子的效果图时，就觉得很有参与感。在和村民沟通过程中，也是采用了一个大群、一个小群的方式，我们剪辑了一个视频，评论下很多村民回复，慢慢地把情绪酝酿起来，村民也开始同意我们的设计，改变观念提出要改造房子。除了把每家每户设计出多样性，镇上的基础设施和景观也做了创意设计，加入了粉条元素，遵循着曲线规律，让曲线超脱物质本身，成为一种意识形态，渗透和影响着大家。

我们能够做成很多项目，得益于政府在政策和基础设施上的支持，以村民为主体，自主自建，一对一沟通，一家一设计。我们不和村民分享运营、民宿相关事情，而是解决村民对美好生活的向往，让他们的生活更舒适。

（作者系北京安哲建筑设计有限公司创始人、主持建筑师。本文是作者在乡村复兴论坛·松阳峰会上的演讲）

# 热点问题：乡村振兴

## 巩固拓展脱贫攻坚成果与乡村振兴有效衔接

⊙ 汪三贵

脱贫攻坚和乡村振兴是紧紧围绕党的两个一百年目标、完成底线任务所采取的重大战略。要全面小康就必须解决贫困问题，要建设社会主义现代化国家就必须把农村发展起来。脱贫攻坚恰恰是乡村振兴的一个前提和基础。当然，乡村振兴比脱贫攻坚更难，涉及的面更广。

脱贫攻坚毕竟只是涉及一部分地区832个贫困县，12.8万个贫困村，近1亿贫困人口，而乡村振兴涉及所有农村地区和所有农村人口。如果从2013年开始算，脱贫攻坚8年时间，乡村振兴30多年时间，因为任务重，没有那么容易解决，涉及的面更宽、更广，内容更多，所以时间更长。

现在要从脱贫攻坚转向乡村振兴，必须把脱贫攻坚的成果巩固了，毕竟还是有相当部分人脱贫标准是比较低的。贫困地区和贫困人口面临的风险很多，天灾人祸、自然灾害总会有返贫的问题。现在强调要早发现、早帮扶、早解决，动态清零。还要防止新增贫困人口，毕竟有边缘户，有些边缘户还不如脱贫户，因为很长的时间没有得到有效扶持，原来就比建档立卡贫困户好不了多少，这个群体有陷入贫困的风险。

在这个基础上进一步提升，最终还是要把脱贫攻坚大量的政策措施，在5年过渡期里跟乡村振兴的政策体系和体制机制融在一起。怎样将这两项重大战略更好地衔接，怎么借鉴脱贫攻坚的成果？大量的实践和创新能够为乡村振兴提供启示。

在脱贫攻坚产业方面，国家这几年做了很多工作，特别是在贫困地区培养了一批特色产业，还创新了很多利益连接机制。培养的这些产业如何壮大？依靠现代经营主体使它规模化、集约化，提高劳动生产率。我们要考虑一个问题，在乡村振兴阶段支持扶持这些主体的发展中，刚脱贫的人群怎么受益？在产业现代化过程中要让低收入、刚脱贫的人同步发展，甚至要缩小差距，让他发展得更快。

在生态宜居方面，脱贫攻坚期间也做了很多，特别是异地扶贫搬迁和危房改造以及村庄的环境整治。未来乡村振兴这方面的工作还非常多。我们从脱贫攻坚中应该学到，在乡村振兴的时候，要尊重农民的利益，要发挥他们的自主性。

在公共服务方面，无论是教育还是医疗，脱贫攻坚期间都做了大量的工作。教育上最大的成就，就是不管在什么地方、什么民族，现在的小学生和初中生都在上学。主要问题是上学以后有没有学到东西，更关键的问题是怎么提高质量。不能小学毕业了，还是二年级的水平，而且主要问题不是硬件问题，而是软件问题。

还有乡风文明这些方面，地方上在解决内生动力问题上有很多创新，例如道德银行，根据个人表现打分，有积分还能换东西，甚至有红黑榜、帮扶责任人。

最后是治理的问题。乡村振兴完全是借鉴脱贫攻坚模式，由中央统筹，省负总责，市县落实，现在加了市县乡负责落实。而原来的五级书记一起抓、东西协作扶贫、定点扶贫、驻村帮扶这些机制，在乡村振兴过程中也在进一步完善。

（作者系中国人民大学中国扶贫研究院院长、教授。本文是作者在"弘扬脱贫攻坚精神全面推进乡村振兴"理论与实践研讨会上的发言）

# 党中央对乡村振兴的鲜明态度和坚定决心
## ——学习《中华人民共和国乡村振兴促进法》几点体会

⊙ 刘宗林

　　2021年4月29日，第十三届全国人民代表大会常务委员会第二十八次会议高票表决通过了《中华人民共和国乡村振兴促进法》（以下简称《乡村振兴促进法》），这是中国共产党历史上、新中国历史上第一部以乡村命名的国家法律，自2021年6月1日起正式实施。

　　这部法律颁布以后，长期搞"三农"工作的，感觉到欢欣鼓舞，认为这是中国共产党执政史上，尤其是中华民族伟大复兴征程上具有里程碑意义的事，从此以后中国的"三农"和乡村建设有了法律遵循和法治保障。与此同时，也有少数人认为促进乡村振兴那么大的命题，用一部法律来规范很难。然而我们认为这部法律对国家农业农村现代化，乃至第二个百年目标的实现，必将产生重大的影响。我们常说："小治治事，中治治人，大治治制。"这个"制"就是立法律，国家立法促进乡村振兴，足以说明国家对实施乡村振兴战略的重视。

　　促进法是中国特色社会主义法治体系的重要组成部分，面对一些重大问题又一时不可能用具体条文来表述的时候，就采取促进法的方式，推动这项工作往前发展。迄今为止，国家一共出台了8部促进类的法律，包括《农业机械化促进法》《职业教育促进法》《乡村振兴促进法》等。这些法律从法理的本身来看宣示性要强于约束性。我们知道法律具有约束性，研究法律文本，在约束性法律文本里面有大量的"应当""可以"等用词。"应当"是必须做的，

"可以"是有条件做的，你可以做，也可以不做。《乡村振兴促进法》里面更多的是"采取"，如"国家采取""国家建立""国家加强""国家支持""国家鼓励"等，更多的是政策层面上的一些词汇。一般性的法律，它都要设置法律责任这个专章，规定约束力的条款，违背了这些条款要承担法律责任，但是促进类的法律没有法律责任这个专章，只有检查监督、触犯法律规范怎么样。比如说政府应当加大对"三农"工作的投入，如果政府投入不够怎么追责没有明确规范，政府应该加强对"三农"人才培养，这个也不好衡量，什么叫培养了，什么叫没培养，缺乏客观的评价标准。因此，这部法律文本大多是一些倡导性、鼓励性、授权性的条款，没有设置也不好设置过高的法律责任。因此，很多人感觉看得不过瘾。

《乡村振兴促进法》就内容来说，实质上是一部政策性法律，这也是中国特色。政策就是政策，法律就是法律，这部促进法属于政策性的法律，把党多年来乡村振兴的重大决策部署和有关政策规定，通过实践检验已经成熟的部分提升到法律层面，转化为法律条文，变成国家意志和人民行动。从这里足以说明党中央对乡村振兴这一国家战略的鲜明态度和坚定决心。国家不可能用一部法律去规范乡村振兴这件事本身的方方面面，但是国家要通过立法的方式推进乡村振兴，促进这项工作。

实际上《乡村振兴促进法》里面还是有一些约束性的条文，也有若干的地方用了法律规范的词汇，就是"应当"怎么样。整个法律文本大约有 10 处"应当"这个词汇，都是应当怎么样，"应当"都是必须做的。

比如，第十四条规定"国家建立农用地分类管理制度，严格保护耕地，严格控制农用地转为建设用地，严格控制耕地转为林地、园地等其他类型农用地。省、自治区、直辖市人民政府应当采取措施确保耕地总量不减少、质量有提高"。永久性基本农田属于耕地，根据《乡村振兴促进法》，未经批准就不能够擅自将永久性基本农田改成林地或园地。

再比如，第五十一条规定"县级人民政府和乡镇人民政府应当优化本行政区域内乡村发展布局，按照尊重农民意愿、方便群众生产生活、保持乡村功能和特色的原则，依法编制村庄规划，分类有序推进村庄建设，严格规范村庄撤并，严禁违背农民意愿、违反法定程序撤并村庄"。撤并村庄，行政管理方便了，但是带来了两个问题，一是文化认同，很多人只是把乡村视为行政管理单元，其实乡村除了是行政管理单元，还是文化单元，李家村、张家村的文化认同是有差异的。二是经济承载功能不同，各个村里面的利益诉求不一样。

基于此，《乡村振兴促进法》公布后，下一步要注意做三件事。

第一，广泛深入宣传好《乡村振兴促进法》。让各级领导干部乃至广大农民群众知道这部法律的主要内容，明确各级组织在推进乡村振兴中承担什么样的法律责任。原来有一些单位实施行政管理方面不作为，现在不作为就是法律层面上的不作为，程度就要严重得多。因此，要将《乡村振兴促进法》宣传好。

第二，根据《乡村振兴促进法》制定地方性法规。要通过各级地方人大、各级地方政府把《乡村振兴促进法》里面一些宣传式、倡导性、授权性的条款通过地方立法、地方行政法规变成约束性强、操作性强、便于考核检查的地方法规和行政规章。比如《乡村振兴促进法》中谈到各级人民政府应当怎么样，看起来只有一句话，地方各级人民政府应根据全国人大制定的法律，把"应当"具体化。比如各级人民政府应当加强农村人才队伍建设，地方政府就要就地方乡村人才队伍制定具体措施。有一些内容上位法授权给地方人大，地方人大就促进法中间的甚至某一个条款可以形成一部地方法规。比如产业发展，国家鼓励和支持特色产业发展，湖南省人大常委会就可以根据这一句话出台关于湖南特色产业发展条例。在山西调研时发现，山西的旱杂粮做得很好，山西省人大就出台了《山西省旱杂粮发展条例》。

第三，认真贯彻落实《乡村振兴促进法》。对一个民族、一个国家而言，无法可依是不幸的事，但是更为不幸的事是有法不依。无法可依可以激发一个国家去追求法律的建立，有法不依比无法可依更可怕，带来的后果会更加严重。因此，无论对这部法律怎么看，既然全国人大作为最高权力机关已经高票通过并且颁布实行之后，我们的任务就是一条:学习好、传导好、贯彻好、落实好。从现在做起，从成熟的事情做起，一条条地、一章章地抓好这部法律的贯彻。

最后，我们相信《乡村振兴促进法》必将成为推动乡村振兴战略顺利实施、促进脱贫攻坚成果巩固与乡村振兴有效衔接、实现农业农村现代化的重要保障。

（作者系湖南师范大学中国乡村振兴研究院专家委员、湖南省人大农业与农村委员会主任委员。本文是作者在湖南师范大学中国乡村振兴研究院学习《中华人民共和国乡村振兴促进法》专家座谈会上的专题报告）

# 乡村实现全面振兴背后的基本逻辑

⊙ 熊万胜

党的十六大以来，中国乡村的发展有一个基本思路——我们希望新型城镇化和乡村发展基本同步。不是协调，而是基本同步，即时间上同时推进。中国的城镇化高潮始于 2000 年，在 2002 年提出城乡统筹发展，可见提出城乡统筹发展和进入城镇化高潮的时间几乎是同步的。2002 年，中国的城镇化率为 40%，也就是说我们在城镇化率还没有过半的时候就提出了城乡统筹发展，这和西方完全不一样。

## 乡村振兴，归根结底是城市化社会的空间结构问题

十八、十九世纪，西方国家经历工业化、城市化期间，乡村逐步凋敝。在乡村凋敝一段时间后，城市郊区通过向外扩展，使得乡村振兴得以出现。西方国家这一过程持续两三百年，但是城市发展和乡村振兴是有先后的，前后脚迈得挺大。而中国是基本同步，这是由中国特色社会主义城乡关系决定的，我们不允许有一个过度衰败的乡村，所以是城乡统筹协调发展。

但是实际上对于国家而言，这是一个难题，因为城市带动乡村能力是不大的。虽然政府的统筹能力很强，但城市带动乡村能力不强，想要统筹城乡发展，还是缺少资源。更重要的是，城镇化任务没有完成，为城镇化所做的相关政策配套不能轻易改变，城市中心主义难以改变。城市中心主义没有改变,若想进行乡村振兴，就会发现很多制度是不配套的。比如说，限制农民建房，想把指

标弄到城市里来，那农民的房子建还是不建？又比如说，要保障城市的物价便宜，那还能不能保证农民增产又增收？再比如说，猪肉价格一涨价，就大幅度增加生产，增产后猪价又大幅下跌，这背后是大量养猪户的巨大压力。这个局面目前没有得到根本改变。

在这种情况下，我们来讲城乡统筹、乡村振兴，体现了执政党的决心。乡村是中国经济社会发展的压舱石，是最深厚的基础，是最重要、最艰巨的发展任务，也是最大的机遇所在。这个基础的、压舱石的定位是不能改变的，所以要继续振兴乡村。

## 强调农业振兴，最主要的意义是农业安全

我们现在对乡村的产业振兴强调得很多，但不能指望乡村的农业产业收入能够产生可以满足人们日益增长的美好生活需要的财力供给。除非是一些比较特殊的地区，比如说旅游景区、淘宝村，或者是资源特别丰富的农牧区，等等。

为什么这么说？首先，在农民的收入结构中，农业收入非常少。2019年，全国农民人均可支配收入是1.6万元，其中家庭经营性收入只有5700多元，即略超过人均可支配收入的三分之一。而工资性收入是6000多元。其实在2015年农民的工资性收入就已经超过了经营性收入，而且这个差距还越来越大。

其次，2019年，中国农业总产值是七万亿左右，而我们在农、林、水的财政投入是2.2万亿，接近三分之一了。2002年，农业的GDP只有1.6万亿，农、林、水的财政投入只有1100亿，占农业GDP的十五分之一。从2002年到2019年，农、林、水的财政投入与GDP的比例从十五分之一到三分之一，甚至以后有可能到一比一。这是全国数据，在发达地区比例更重。就上海而言，农、林、水的财政投入已经远远超过了农业产值。所以，如果依靠农业振兴乡村，无论是依靠农业还是当地的产业，都是很难的。

再次，在空间上，非农产业向城镇和工业区集中，要执行严格的耕地保护，这一点在全国都是一样的，在发达地区尤其明显，在人地关系紧张的长三角地区特别明显。

那么，我们为什么还要实施乡村的产业振兴战略呢？我的理解是"自己的饭碗要端在自己手里"，最重要的还是农业安全问题。无论如何要将农业放在第一位，这是毫无疑问的。我们说产业振兴是乡村振兴的必要条件，但是这个必要条件离

充分条件之间的距离越来越远，以至于远到对于家庭来讲都不重要了，家庭越来越不依赖于农业的收入。

当然，产业振兴对于乡村振兴的意义也不仅仅限于涉农产业对于全局的意义，对于乡村当地来说，也是十分重要的。现在很多人在提乡村振兴一、二、三产业联动，这是有实际价值的，但是也要放在城市化社会的空间布局的语境下来思考。"农旅结合"，农是农业，旅是旅游，也涉及城市化社会的空间结构问题。产业振兴是乡村振兴中一个一定不能放弃的必要条件，但是它对于充分条件的意义越来越小。乡村振兴，归根结底是城市化社会的空间布局优化问题。英国、法国、美国都是这样的。

英国城市学家埃比尼泽·霍华德在《明日的田园城市》中提到，居住在英国城市的人不断向外搬，越搬越远，最后覆盖了全国，乡村就这么复兴了。但是这种复兴和产业并没有多少关系，并不是产业的复兴引来了人口，而是外来人口带来了生机与活力。但日本就不是这样。日本也曾一度有这样的外迁，也就是向郊区发展，但是在 2005 年以后又再次向城市集中。所以，欧洲的经验不一定能适用于东亚社会。即使有人口自由流动的机制，比如日本，人口也不一定愿意回到乡村。可能有文化因素的影响，在东亚的文化中喜欢热闹，欧洲人可能愿意在偏僻的地方待着。

产业振兴对于乡村当地的意义还有另外一个层面，那就是我们要关注乡村当地的产业对于当地的常住人口的就业的意义。虽然当地的产业很难支撑一个繁荣的社区，但对于解决当地中老年农民和在家妇女的就业问题非常有帮助。

### 振兴什么？谁来振兴？

乡村振兴到底要振兴什么？是自然村振兴吗？我的理解是未来中国至少有一半的自然村要走向凋敝，或者被拆。如果是行政村振兴，一个行政村下面的多个自然村就要归并，归并之后就有一点人气了。因为没有人气就不能讲振兴。如果行政村也保不住的话，就应当由镇来做。如果镇也保不住就不用讲乡村振兴了。因为再往上就是县了，就是城市了。

乡村全面振兴不等于全部村落都振兴，但是也不能离开空间布局来谈振兴。《乡村振兴促进法》里明确提到了，让各个地方因地制宜地安排村庄布局。比如安徽搞中心村建设，就是把行政村中大的自然村做好，边缘的自然村只能让它凋敝。

如果只出现一小部分中心村比较有活力，仍然算不上是乡村振兴。所以在什么尺度上来定义乡村振兴是有待探讨的。

乡村振兴有时候会被等同于振兴乡村，但是我们一定不能把乡村振兴变成振兴乡村。因为振兴乡村意味着是政府主导，目前正在进行的乡村振兴就是政府主导。

我们怎么看待示范村？有些人批判它，说乡村振兴就是乡村装修，如果是乡村装修意义何在？装修之后政府吸引产业来，但不确定产业能不能活下去。所以，应该让市场自己去匹配，来还是不来、是个什么来法。或者至少让村集体去选择。现在是镇里、区县里出面去干这些事情，这样"拉郎配"，乡镇基层怎么能不困惑呢？如果没有把握规律、以历史的眼光来看的话，会觉得这纯粹是形式主义、官僚主义。花国家的钱不仅造成了浪费，还造成很大的不平衡。比如这个村美轮美奂，旁边的村就是原生态的；甚至示范村也只是一部分核心区比较好看，同一个村的非核心区依然故我。

## 全面振兴是有希望的

总体来说，我觉得乡村全面振兴并非是没有希望的梦想，它背后的基本逻辑有四条。

**第一，乡村振兴是城市化社会的空间布局问题。**

从长远来看，这一条最为基本。一个高度城市化的社会不可能所有人都留在城市，总有人要向外走，这是毫无疑问的。萝卜青菜，各有所爱，有人喜欢热闹，有人喜欢安静，有人喜欢城市，有人喜欢山清水秀。我曾在老家安徽宣城深山里听见有人在吹一种乐器，那种乐器在我们当地是没有的，叫尺八（古代中国传统乐器，唐宋时期传到日本，近些年逐渐传回中国）。我当时很好奇这么小众的乐器怎么会出现在深山里面？原来吹尺八的人来自江苏，喜欢山里幽静。

**第二，乡村振兴是由小农经济的聚落形态向规模经济的聚落形态转型。**

这是亚洲的小农经济社会所特有的问题。在欧洲，这个问题早已经通过圈地运动解决了，原来的农民已经进城。但我们不是这样的。新中国成立初期，城镇化是滞后于工业化的，优先发展城市工业。农民的茅草房变成了土墙房、砖瓦房，这带来的问题是占用土地，也在客观上产生了一个小农经济的聚落形态向规模经济的聚落形态转型的问题。小农经济的聚落形态是村庄。比如说，在小农经济下，你家五亩地，我家五亩地，我们房子建在一起，我离我家的地也不远。而规模经济的聚落形态是我有五百亩，你有五百亩，我们住在一起的话，我到我的地就要跑很远，甚至穿过你的地、别人的地。如果要实现这个转型，就意味着许多自然村没有必要存在，于是就有了示范村建设、农民集中居住。

以上海为例，上海的集中居住的问题，经过了两种思路的调整。第一种思路就是"三个集中"（人口向城镇集中、产业向园区集中、土地向规模经营集中）。既然城市都已经在进行工业化、城市化了，土地也规模化了，房子盖在田间地头还有何意义？既然不种地了，那完全可以进城。"三个集中"首先在上海各个区、各个镇里探索。松江搞得比较早，后来成为全市的战略，形成"1966"四级城镇体系（1个中心城、9个新城、60个左右新市镇、600个左右中心村）。当时提出要建600个中心村，这就是小农经济聚落向规模经济聚落的转变。我们上海有一千五六百个村，其中有好几百个已经高度城市化了，已经完全融入了城市化地区。这是一开始的第一种逻辑，后来没有走下去。

2006年开始，国家提新农村建设，搞村庄改造，就是要把基础设施搞好。上海2017—2035城市总体规划（以下简称"2035规划"），不再提600个中心村，而是讲保留村。要把保留村建设好，不是保留村的撤并村就要拆掉。原来的"三个集中"主要是中心村建设，是在农村里面集中。现在拆掉后是有平移和上挪两个选择，平移其实就等于是中心村建设，而实际上我们现在鼓励的是上挪到城、镇里去。"1966"四级城镇体系是建设农村，"2035规划"是在建设城镇，这是根本不同的。这在本质上和安徽、苏北的乡村建设不是同一个事，他们是乡村振兴，我们更多的是城市建设。

**第三，乡村全面振兴呼唤社区发展的理念从户籍人口社区发展向常住人口社区发展转换。**

精准扶贫的理念是户籍人口社区的发展，比如判断是否脱贫的标准是将户口本上的全家人口一起计算的，所以说一人打工，全家脱贫。其实，外出务工的人的收入的区域差异不大，区域差异主要出现在在家常住人口的收入上。从精准扶贫向乡村振兴的转换，也就需要将社区发展理念从户籍人口社区转向常住人口社区，将工作的重点放在常住人口的收入，尤其是常住人口的充分就业上来。这对于产业振兴的思路是有影响的，一定要考虑位于乡村地区深处的小微企业的发展。

有一些涉农大企业，其实质是城市企业，只能解决可以进城务工的人的就业问题，但乡村振兴的难点在于在家人口的就业。这些涉农大企业往往缺乏与农民之间的紧密的利益联结纽带，虽然能够购买农产品，但是增值收益很少能与在家农民分享。因此，在产业振兴过程中，我们一定要注意那些位于乡村深处的"小产业"，而不是总盯着在城市里的"大产业"。这些小微企业在发展中正在遭遇重重困难，尤其是土地管理和环境保护等方面的限制很大，这些困难很少得到各方面的认真对待，让当地百姓感到政府的政策在相互打架。

**第四，目前乡村振兴的工作是由政府主导的选拔式发展。**

政府主导发展的优点是区域均衡，全国各地一起推动，通过财政转移支付实现区域均衡，这是全面振兴所需要的。其缺点就是政府工作喜欢抓重点，导致区域内部的高度不均衡。由政府来确定哪个地方是示范村，哪个地方就能活下来，而不是允许村庄在内生发展中通过竞争来争取机会。还有，现在乡村振兴的问题是速度。财政是按年度预算，年中把钱发下来，年底把钱花完。你觉得一个项目是为农民做好事，但是在运动式的执行过程中，当事农民自己可能并不这么认为，那就很可能好心办坏事。慢不意味着慢到完全让社会自己自发地演变的地步，而是要求政府的工作慢一点。速度太快，可能让基层感到不堪重负，让基层干部很难找到意义感，让老百姓很难感到获得感。

所以，在乡村振兴推进过程中，要尊重农民的意愿，多考虑基层干部的感受。

（作者系湖南师范大学中国乡村振兴研究院专家委员、华东理工大学社会与公共管理学院教授、中国城乡发展研究中心主任）

# 快速城市化背景下的乡村振兴

⊙ 张振山

国际上欧美发达国家大都是经过工业革命完成城市化的，而中国近几十年来快速的城镇化进程与西方国家相比有较大差别。因此，我想结合我们的国情从快速城市化的角度来谈谈对乡村振兴的一些思考。

## 1. 全球快速城市化进程

在过去的半个多世纪，全球发生的最大变化之一是城市化。从人口来讲，联合国召开的第一次全球人居大会是在 1976 年，当时全球城市人口占比 37%。第二次全球人居大会是 1996 年，城市人口提高了将近 8 个百分点。第三次全球人居大会是 2016 年，城市人口比重提高到了 54%。其中，2008 年全球城市人口第一次超过了农村人口。到现在，全球城市人口的比例大约是 57%，预计到 2050 年将达到 70%。虽然城市占地球面积只有 2% 左右，但这 2% 的土地承载了全球 50% 以上的人口，创造了 70% 以上的经济，消耗了 60% 以上的能源，同时，全球温室气体的排放和垃圾制造都达到了 70%。

## 2. 我国的快速城市化进程

对比全球城镇化，我国经历了更加快速的城市化进程。1949 年，我国城市化率仅 10% 多一点，到 1979 年仍然不足 20%，但是到 2020 年时已经超过 60%。在过去 40 多年里，中国的城市化率几乎是以每年 1% 的速度在增长，这种增长速度是史无前例的。

### 3. 城市化给城市带来繁荣

城市化的发展或者说城市化的进程给我们带来了繁荣，使我国城市的经济实力得到显著提升。目前一些城市国内生产总值已经进入万亿人民币的俱乐部，可以说是"富可敌国"，反映出各个城市具备较强的经济实力。城市化给我们带来的还有很多方面，包括住房条件的改善，科技、教育水平的显著提高，基础设施的进一步完善，城市综合服务水平的提高等。

### 4. 城市化带来的问题

快速城市化在带来繁荣的同时，也促生了诸多问题。快速城市化过程中面临的问题也被称作"城市病"，包括交通拥堵，环境污染；城市的韧性不足，容易受到自然灾害的影响，特别是气候变化带来的极端天气的增多；城市功能单一，城市的社会服务不均衡，大学、医院等都集中在大城市；等等。

### 5. 快速城市化对农村发展的影响

快速城市化的过程对农村的发展造成了五个方面的深远影响：年轻人外出打工，老年人、妇女儿童留守，人居环境差，文化传承面临困境，历史建筑保护不够。

由于城市化水平大多以人口的城市化率来进行衡量，城市化水平的提升意味着农村转移到城市的人口在不断增加，而农村人口在不断减少。农村人口通过接受教育读书留在了城市，乡村年轻的劳动力外出打工也主要留在城市工作和生活，农村地区留下来的多是妇女、老人和儿童。是不是所有的农村人口都要迁往城市呢？显然不是。农村的农业生产不仅为我们提供了粮食、蔬菜、水果、肉禽蛋，还储藏有丰富的历史文化和自然资源，是可持续发展不可或缺的重要保障。因此对于很多农村地区面临的人居环境比较差、农村整体发展内生动力不足、乡村承载的历史文化如何传承等问题，需要我们通过乡村振兴来解决。

### 6. 乡村发展的时代机遇

我们需要城市化和乡村振兴融合发展，而目前我国的乡村振兴正面临良好的发展机遇。首先是十九大明确提出乡村振兴战略。其次是围绕乡村振兴国家出台了很多政策法律和措施，比如《中华人民共和国乡村振兴促进法》。再次是在2020年年底，我国提前十年完成了联合国可持续发展目标中的减贫任务，脱贫攻坚工作转向乡村振兴，使乡村振兴拥有了很好的政策支撑和组织机构层面的支持。最后是乡村有自身优势，城市也在反哺农村。城市化以后，城市的发展需要更多跟乡村结合，发挥乡村在文化、饮食、自然资源等方面的优势，承接城市人口对于度假旅游、缓解压力的需求，从而发展民宿、旅游等产业。

国际上，联合国人居署在 2019—2023 年发展战略当中提出四大发展战略，其中之一就是要促进城乡协调发展，促进城乡融合。联合国可持续发展议程更是强调"一个人都不能落下"，人居署提到"一个地方也不要落下"。因此要推进乡村振兴，推动城乡协调发展。

### 7. 城乡协调发展是乡村振兴的必由之路

城市化还有发展的空间，但并不意味着无限度地发展下去，城乡发展会达到新的平衡，发挥各自的优势，协调发展。城乡协调发展是乡村振兴的必由之路。

第一，发展产业，打好乡村振兴经济基础。乡村振兴不仅仅是一句口号，实际上最重要的是要发展特色产业，只有发展好相关产业，才能为乡村振兴打好经济基础，这就需要引导和推动更多的资本、技术、人才等要素向农业农村流动，形成现代农业产业体系，包括特色种植业、养殖业、民宿旅游等。以日本为例，他们曾经成功开展的一村一品运动值得借鉴，不仅推动了日本的农村产品供给日本本国，还出口国际社会。

第二，厉行节约，促进乡村绿色发展。乡村振兴需要做好统筹规划，坚持绿色发展，坚持绿水青山就是金山银山的理念。过去我们的城市发展其实走了一些弯路，在发展钢铁冶炼、化工产业的过程中，造成了一些水环境污染、空气污染等问题。因此乡村振兴需要坚持绿色发展指导理念，加强农业资源的保护，防止破坏环境和污染，不再过度消耗资源。

第三，传承历史，保护文化。我国的农村承载着厚重的历史文化，包括物质文化遗产和非物质文化遗产。在乡村振兴的过程当中，这些都是可以加以利用的资源，一定要尽量避免大拆大建，最好要对村子进行一次全面调查，摸清村庄里拥有的文化和物质的遗产，这样才能够使地区的文化遗产得到良好保护和传承。

第四，加强治理，改善乡村人居环境。乡村振兴需要有好的组织领导，发挥党员和党组织的带头领导作用，建立一定的治理制度，创立绿色村民公约，开展垃圾分类收集和分类处理，处理好农村的污水，美化农村环境。浙江在这方面做得非常出色，他们的环境得到了很好的治理，垃圾分类也非常好，农村污水也得到了处理，农村环境得到了很大改善，这样就为进一步开展乡村旅游、接待外来游客、青年回乡投资等奠定了良好的基础，吸引了更多的人回村发展，通过开民宿、开饭店等方式创造更多的就业机会，进而推动乡村振兴工作的开展。

第五，开展乡村规划，建设宜居乡村。乡村振兴的另一关键在于做好规划，现在对乡村规划的重视度日益提升，但还存在规划质量参差不齐的情况。有的规划虽然呈现出新农村的样子，但是整体看上去整齐划一、比较呆板，不具有乡村地方的特色。在实施乡村振兴战略的过程当中要根据当地特色、自然资源情况、人文情况、建筑风格做出具有乡村地方特色的规划，不搞穿衣戴帽表面的文章，鼓励村民积极参与，做到以人为中心，规划要因地制宜，体现当地的人文历史和自然特色。

第六，建立相关机制，加强人才培训。人才是乡村振兴的关键，要建立人才培养机制，可以与相关高校挂钩，建立合作关系。积极走出去，加强交流学习。尽管目前已经有驻村书记等各种体系来解决乡村人才引进的问题，但是依然远远不够，需要我们做更多的培养工作。农民最相信他们亲眼看到的东西，可以组织当地居民走出去交流学习。在浙江很多乡镇设立了乡村振兴学院开展系统培训，通过与大学联系，使农民也可以聆听著名教授的讲座，为他们带去更为科学的发展思想指引。联合国人居署在这方面也开展了一些工作，我们在 2019 年曾在武汉开展过乡村振兴嘉年华，来自国内外 9 所大学的 40 多位大学生、研究生和教职工参加了这项活动。现在正在与中国的合作伙伴协商在疫情过后继续开展类似的活动。

第七，应用新理念、新技术，建立智慧乡村。乡村振兴也要顺应现在智慧城市建设的大趋势，考虑开展智慧农村、智慧乡村建设。比如目前杭州有城市大脑，上海有一网通办、一网通管等，都是很好的借鉴经验。其他还有一些 AI、大数据技术等，包括网店在农村推动农产品的销售等，都发挥了很好的作用。我们需要进一步集思广益，应用新理念、新技术加强智慧乡村的建设。

（作者系联合国人居署中国项目主任。本文根据作者在第五届丝绸之路国际博览会上的发言整理而成）

# 乡村产业振兴核心在运营

⊙ 陈长春

站在建党百年的历史坐标上，如何稳固脱贫攻坚成果，实现乡村全面振兴，成为我们为党和国家实现民族复兴目标作出应有贡献的重要战场。身为奋战在乡村建设、民宿运营一线的乡创人员，我始终在思考，国家投入这么多人力物力帮助乡村发展，政策上给予农业农村优先发展的战略定位，究竟什么才是乡村持续发展的核心支撑力，哪个环节才是乡村全面振兴的突破口？结合多年实践经验，我越来越坚定地认识到，乡村可持续发展不缺少规划和建设，也不缺少市场，而是非常需要专业的产业运营。用一句话总结：乡村产业振兴核心在运营。

## 产业运营是乡村持续发展的核心支撑力

最早发现运营对于乡村的重要性，是在十年前。十一年前我开始创业，创立了一个叫"远方网"的网站，为自驾游、自助游客户提供深度旅行攻略，为政府机构、小景区进行乡村旅游的策划和营销。通过互联网上的市场宣传，曾为村庄带来了非常强的市场导入。例如在河南郝堂村，不到 100 户人家的村庄，最多的时候一天涌入近 8 万人。可由于村里人没有能力去做相关的运营和设计，导致没有办法满足城里人诸多的消费需求，也就是说没能抓住人流量激增的果实。所以，一次大流量的涌入击穿了村庄的软肋，立刻凸显出运营这一环节的重要性。

后来我创办了"隐居乡里"精品民宿运营平台，随着在乡建领域不断深入，逐渐加深了我对产业运营的认识。

首先产业兴旺是乡村振兴的第一内涵，毋庸置疑。今年的中央一号文件，非常重视乡村建设的版块。可以看到，通过国家这些年的不断投入，很多村庄的基础设施得到明显改善，乡村的人居环境得到大幅提升。但可惜的是，还是有很多村庄在经历了时间的考验后仅仅留下了漂亮的外壳，乡村的农业产业没能得到真正的发展，农民更是没有机会搭上发展的快车，享受发展的果实，更别提实现人的全面发展。而那些靓丽的环境和现代化的设施，很有可能因为缺乏运维管理遭到蒙灰甚至废弃。

所以，真正的运营不仅应该能让村庄外表发生变化，更应从内在激活乡村持续发展的动力，要通过三产融合推动乡村产业转型升级，同时让农民参与其中，得到锻炼与发展。

## 产业运营是产业振兴的突破口

产业运营是否真的可以带动产业振兴，数据可以说明问题。"隐居乡里"于2015年进入线下，建立了乡村度假运营业务平台。从第一个民宿运营项目——山楂小院发展到今天，已经在北京、河北、陕西、成都、贵州等省市的17个村庄，发展运营由闲置农宅改造的农家度假小院共150多个。截至2021年5月底，四年半内累计接待10万余人次。在运营民宿的基础上，我们还对部分区域展开了共生社区、民宿聚落群等乡村产业高级阶段发展形式的探索，将"共生模式"的优势发挥到更广范围和更高层次。

北京房山区的黄山店村过去以发展工业为主，后来为响应国家政策关停矿山转型谋发展。2012年整村搬迁，并开始探索乡村旅游的路子。直到2015年，黄山店村引进"隐居乡里"，采用"乡村建设，企业运营，利益共享，在地共生"的合作模式，将村里老宅进行改造，终于进入发展民宿产业的快车道。"隐居乡里"为坡峰岭景区做营销宣传，门票收入额从原先的500多万做到了2017年的850多万，到2019年更是达到1000多万，加上房山民宿项目，实现游客接待量共40多万人次，为村集体创收2000多万元。2019年，"隐居乡里"协助招商为村庄引进了更多业态运营商，丰富了当地配套商业和产业形态。如今的黄山店村，先后被评为"全国文明村镇""中国最美休闲乡村""全国美丽宜居村庄示范"。这就是运营的力量。

民宿产业的火爆带动的是全域乡村旅游的兴旺，进而带动的是全域农业产业的兴旺。从农旅产业的兴旺到三产融合发展再到乡村人才复兴，就是从一个传统村庄到专业化运营体系的距离。所以，乡村振兴需要专业的产业运营，甚至可以称之为产业振兴的突破口。

为了更好地服务乡村，2018 年"隐居乡里"开办了北方民宿学院，实施乡村经理人计划，全方位为乡村培养专业运营人才。期间，发起成立了中国乡村设计师联盟，推广适用于乡村的装配式建筑，并参与了雄安和成都的田园综合体开发。

5 年来，"隐居乡里"作为中国乡村文旅产业运营商，为 180 人解决了劳动就业问题，创造总收入超过 1 亿元，服务于 10 万 + 中高端客群，策划过 100 多场营地活动，旗下的北方民宿学院开展了近 1000 场民宿服务培训。

可以说，"隐居乡里"依托"互联网 + 在地化"的运营模式，通过精心打造乡村旅游度假产品，通过陪伴式指导乡村发展，推动了项目地区的乡村文旅全产业、全地域升级发展。

## 如何实现高质量的专业化运营

到底怎样才能把城市的市场和乡村的资源对接起来？怎样盘活乡村闲置资产，让乡村形成源头式的经济流动？我以自己十多年的乡村建设经验和六年来的实战式摸爬滚打，跟大家分享，高质量的乡村运营到底该怎么做。

**首先，在乡村建设的过程中，一定要始终坚持以农民为主体，与农民共生。**

如果做不到这点，发展中就可能会遇到各种障碍，比如村里人不配合、社会资本入乡水土不服、政府一倡导村民就被动式"等靠要"等。如何实现与农民共生？根据我们的经验，运营商通过与村集体经济合作，将有效带动全体村民的参与度与积极性，这一"共生模式"在乡村治理现代化发展过程中，越来越凸显出极大的优势。

在河北涞水县南峪村，我们和中国扶贫基金会合作了项目"麻麻花的山坡"。农民成立合作社，收了村里的 15 套闲置农宅，由扶贫基金会投资 600 万元，把农宅打造成民宿，交给我们来运营。很快，我们给农民的分红能够达到一年 120 多万元，帮当地的农民卖蔬菜、卖土特产，销售额达到 20 多万元；给当地农民管家付的工资总额达到 90 多万元。仅仅 15 个小院子，就可以给一个乡村支撑起一年 150 多万元的收益。当时扶贫基金会的秘书长语重心长地跟我说："我没想到你用市场的方法，这么轻而易举地就实现了我多年以来梦寐以求的'授人以鱼，不如授之以渔'的扶贫模式。"而我所做的，只是把大家的价值连接在一起，让农民分享发展的果实。我想，这样的乡村运营就是真正地为农民而建，以农民为主体。

**其次，通过构建三产融合的乡创体系，推动全域旅游升级。**

楼房沟民宿位于陕西汉中留坝县小留坝村，是"隐居乡里"的第十个乡村改造项目，也是我们在陕西的第一个在地共生项目，共有9个由老宅改建而成的民宿院落。目前，已经形成以楼房沟民宿为载体的原乡产业集群。具体路径是以楼房沟精品民宿为切入口，形成三产融合的乡创体系。我们策划了"爸爸去哪儿""秦岭红叶节"等旅游活动，2020年红叶节留坝游客数量是2019年的2倍以上，有效带动了人流增长，同时推出了"秦岭年礼"系列文创产品，搭建了秦岭文创非遗活化体系，助推一、二、三产业融合发展。今后还将引进更多的适合乡村的精品业态，打造具有属地IP的原乡产业集群。

从发展效果来看，原乡产业的带动效果明显。楼房沟2020年民宿收入为230万元，农产品销售收入达到20万元，较上年收入增长350%，当年村集体分红为68万元。值得一提的是，新开发的猕猴桃汽水和香菇酱成为网红产品，同时形成了秦岭风物在地加工体系，以秦岭小农产业链激活农产品加工业发展。通过培训管家、搭建平台，原乡产业集群在留坝连点成线、连线成面，促成了全域旅游大步前进的良好局面。所以说，产业运营才是乡村振兴的芯片。

**最后，发展遇阻时需要及时引入新鲜血液，转换思路，转向组织的运营和资源的运营。**

在乡村振兴的过程中，并非一帆风顺的，乡村建设也不可能一蹴而就。有些项目由于水土不服、经营不善，可能会遭遇发展梗阻。

"隐居乡里"就曾接触过这样的情况。我们最近去四川峨眉山附近的乡村进行调研，一个自然景观、农业生产、基础设施等各方面条件都还不错的乡村区域，由于缺乏有效的产业运营，导致产业发展原地僵持，找不到升级的突破口，更难以实现乡村的全面振兴。

如果在这样的乡村引入强大的乡村产业运营，即通过对当地组织和资源进行重新挖掘与整合，以农文旅项目带动流量，促进三产融合，将会极大地拓展乡村产业发展空间，有效地激活乡村活力。而适合当地产业运营的具体打法非常多样，可以考虑采用多种方式的组合，比如无中生有（即营销故事线）、移花接木（即开展资源整合）以及以小博大（即打造示范项目）等。产生作用的逻辑就是以农文旅为当地产业项目引流，反过来通过当地产业项目为农文旅赋能。

当这样的村庄转换运营思路，走上三产融合、IP 引领、全域旅游升级的发展道路，不知道会创造出怎样的发展奇迹。

## 未来的乡村运营将走向何方

陕西留坝项目的成功是因为"隐居乡里"作为其运营商已经拥有了一些独特的优势。比如十多年的乡村运营经验、前瞻性的产业思维与视野、善于针灸式分析县域发展痛点和挖掘现有潜力、注重寻找激活乡村内生活力和可持续发展的方式等等。

对于如何打造热门旅游目的地 IP，我们也积累了几条经验：挖掘文旅资源核心优势精准定位文旅核心卖点、确立区域 IP 内涵及价值、规划 IP 主题及品牌战略、策划 IP 活动及推广策略、多维度形式的全网营销。

运营效果可以从留坝红叶节的传播数据中看出。与"秦岭秘境，红叶盛宴"等话题相关的微博访问量从 2019 年的 2899 万次增长到 2020 年的 3.3 亿，增长率达到 1003.8%。10 月份的全县游客人数从 2019 年的 20.1 万人增长到 2020 年的 48.3 万人，同期增长率达 140%。

过去的成功是基于村企合作、各施所长、保底收益、增量分成、打造品牌、提升知名度这样的合作理念，未来产业运营将走向何方？

**首先，不断加深对与农民、农村共生互融的在地化发展模式的探索。**

一定还是采取与村集体经济展开合作的方式推进，同时让农民做村庄的主人。村集体和农民永远是乡村发展的主体，运营商也永远被需要，离开这两点，乡村就转动不起来。集体经济要想持续参与并实现共同发展，需要地方为政者站在全局转变思想，充分发挥当地资源优势，发展绿色经济，抓手是改建废弃老宅，打造高端精品民宿群。

**其次，不断丰富业态，持续强化 IP 的引流作用，打造原乡产业集群。**

房子只是一个切入口，一产、二产、三产我们全部要升级。一产要把原来的大规模粗放式农业恢复到小农经济自然而然的状态，尽量去恢复有机原种；二产是做一些农民能做的体现当地传统文化的手工业加工产业；三产是再造一些乡村民宿、乡村酒店、自然教育以及田园商务区、乡村联合办公等。

同时，未来需要进行大量的人才培养。乡村干部要有发展产业的思维，用开放的态度欢迎外来的商家。还要培训更多乡村经理人，呼唤更多的年轻人回到乡村。我们要做的乡村，是一种新型的城乡综合体。在我们的项目村里，酒吧、高端小商店、各种亲子娱乐教室和自然学校都建起来了，这些构成了一个新型的乡村生态体系和商业体系。来的客人都是高消费人群，将极大拉动乡村消费，促进乡村产业兴旺。

**最后，加快成立乡建投平台，发挥金融资本四两拨千斤的作用，凝聚政府、社会、村庄、运营商各方力量。**

乡村其实非常需要"乡建投"。有点类似于城市的"城建投"，这个平台它的价值在于能够把政府、社会资金、村集体的资金资源吸引进来，共同形成资产的沉淀。然后把村民的个人资产如宅基地、农房等资源都统一纳入这个体系，托管给有经验的运营公司来运营，各方共享收益。如此一来，社会资本不再具有侵略性，同时因为有政策资本进来承担提升基础设施的任务，所以社会资本也就更敢进来。最后，政策资本做引导、做配套，社会资本跟进，村集体和村民也把利益捆绑在一起，各方共同形成一个紧密的团队。

需要强调的一点是，受益的必须是村集体合作社，这样一来就符合党的十九大报告中所讲的壮大村集体经济。只有这样才能真正把外来的力量和内部的力量同政府的力量结合在一起，可持续化运行。

通过乡建投这样的平台孵化，整个乡村哪怕只有一个产业能盘活，就足以运转，如果再有更多的产业发展起来，就会不断地加柴，把乡村振兴这把火烧得越来越旺。期待通过在实践中继续摸索，更好地优化这个发展模式，找到乡村发展问题的解决之道。

（作者系"隐居乡里"创始人）

# 振兴出战略，乡建在升级

⊙ 关瑞明

乡建是一种转移？这是《新建筑》杂志社提出的一个关于乡建的概念和质问。

## 一、乡建是一种转移与"乡建六说"

乡建是一种资本的转移，权力舞台的转移？是经济或社会问题的转移？或是建筑师、规划师业务的转移？新型城镇化政策推动下，美丽乡村的保护、恢复、建设如何进行？村镇经济、社会治理仅仅是乡村建设的"软科学"？这个过程中，我初步提出对乡建的四点看法，即"乡建四说"：从政治运动到行业行动、从学术转移到设计转移、从政策主导到村民参与、从村民游憩到乡村旅游。

后来"乡建四说"发展成"乡建六说"，形成了完整的体系，即从政治运动到行业行动、从传统低技到适宜技术、从市政工程到村政工程、从宜居宜业到宜业优先、从乡村规划到乡村设计、从制定目标到科学建构。

## 二、从政治运动到行业行动

美丽乡村建设，建筑界的动作有点滞后。对"旧村"即中国历史文化名村的申报工作有针对性，是由建设部和国家文物局共同组织评选的，保存文物特别丰富且具有重大历史价值或纪念意义的，能较完整地反映一些历史时期传统风貌和地方民族特色的村落。后来开展了"新村"即社会主义新农村建设，是在新的历史背景下一次农村综合变革的新起点。

因此，乡村出现新村和旧村的矛盾，也涉及城乡之间的"二元差异"和新旧之间的"二元差异"。城乡之间有从事农业的农民与非农的村民之间的差异，有传统聚落与历史街区之间的差异，有乡村传统民居与街区传统民居之间的差异，有传统的"风水观念"与现代普适的"规划原理"之间的差异等。新旧之间存在传统聚落与新村聚落之间的差异，存在传统民居与新型民居之间的差异，存在仿古与建新之间的差异等。其中，走"仿古"路线是以历史文化名村需要保护建筑风貌为由来否定时下的新村建设，走"建新"路线是以建设社会主义新农村为由去拆除被视为危房的传统民居。

回顾历史，我们党在 1952 年第一次全国建筑工程会议提出建筑设计的总方针：适用、坚固、经济和美观。学建筑的人知道"经济"这一条是我们加的，其他三条是古罗马时期维特鲁威在《建筑十书》中提出的建筑三要素。1955 年时，建筑工程部召开设计及施工工作会议，明确提出全国的建筑方针，就是"适用、经济、美观"，把"坚固"去掉了。

党的第十六届五中全会提出"建设社会主义新农村"的重大历史任务，并提出"生产发展、生活宽裕、乡风文明、村容整洁、管理民主"五点具体要求，对我们的影响非常大。之后陆续出现各种各样非常有意思的称呼，比如美丽中国、美丽乡村建设、魅力乡村和富美乡村等，不同的部门及更多的人开始关注乡村。

### 三、湖头村的乡建实践与集成设计

福建建瓯市小松镇湖头村是我们团队做的第一个美丽乡村项目，当时设计标题还是"美丽农村"。我们基于对新村和旧村的思考，提出"集成设计"概念。因为湖头村既不能用社会主义新农村的办法否定传统聚落部分，也不能用保护历史文化名村的办法给新村组团穿衣戴帽，而是应该共存，通过"旧区旧办法，新区新办法"，同时增设协调区。我们把湖头村分为古村风貌组团、新建民居组团、农田景观组团、公共服务组团、综合服务中心等，规划设计做完后，大家比较容易接受，旧村的房子依照传统的风水理念，朝向各不相同，新村的建筑根据普适的规划原理，布局整齐划一。

当时我提出了"美丽·景观""市政·村政""宜业·宜居"的概念。"美丽·景观"，即对美丽的解读可以分解为人文美和环境美，环境美属于景观范畴，又可分为自然景观和农业景观。"市政·村政"，即城市配套设施工程就是市政工程；乡村配套工程可称之为村政工程，村政工程是一个子集成，是一个小化、减项的市政工程。"宜业·宜居"，即产业振兴在乡村尤为重要，应宜业优先，以业留人；业是农业，也包括其他产业；宜居可以拓展为对既有建筑居住品质的提升。

## 四、从美丽乡村建设到乡村振兴战略

"建设社会主义新农村"的五点要求是"生产发展、生活宽裕、乡风文明、村容整洁、管理民主"，农业部在开展"美丽乡村"创建活动中，提出的总目标是"生态宜居、生产高效、生活美好、人文和谐"。两种模式从字面上看很相像，生活宽裕与生活美好、生产发展与生产高效、乡风文明与人文和谐……可以一一对应。地方上，天津市的"天津美丽乡村"评选活动标准是"经济发展好、农民收入高、村庄环境美、生态条件优、文化引领强、和谐氛围浓"，也不出左右。浙江省在开展"美丽乡村"创建活动中提出的目标是"规划科学布局美、村容整洁环境美、创业增收生活美、乡风文明素质美"，出现了与规划设计相关的内容，"规划科学布局美"被放在第一条。此外，浙江还提出"一张蓝图绘到底"的设计认识，引领全国的乡村建设。

2018年，中央一号文件公布《中共中央国务院关于实施乡村振兴战略的意见》和《国家乡村振兴战略规划（2018—2022）》。从美丽乡村建设到乡村振兴战略，它们的关系是什么？实际上美丽乡村建设是目标，美丽乡村包括历史文化名村、社会主义新农村和传统村落。乡村振兴在国家层面是战略，在研究人员、设计人员层面是策略，战略是"产业兴旺、生态宜居、乡风文明、治理有效、生活富裕"，策略是"产业振兴、人才振兴、文化振兴、生态振兴、组织振兴"五个振兴，用五个振兴把乡村振兴起来。因此我认为：美丽乡村是建设目标，乡村振兴是实施方法。

把美丽乡村建设和乡村振兴战略结合起来，一个作为目标，一个作为方法。他们的前身不仅有建设社会主义新农村，还有历史文化名村保护——这是关注乡村、建设乡村、保护乡村的两个1.0级的版本。建设社会主义新农村、美丽乡村建设和乡村振兴战略的相关目标可以对应起来，三者之间的关系是，建设社会主义新农村是 1.0 版，美丽乡村建设是 2.0 版，乡村振兴战略是 3.0 版。在乡村振兴的同时，还有一个"传统村落"的保护，在保护中振兴。

乡村振兴里的五个振兴之间也有影响。产业振兴是驱动引擎，在重要的位置上，只有产业的振兴才会有其他的振兴与之互动；组织振兴和人才振兴是保障措施，没有政策引领和组织保障，产业振兴几乎不可能；没有人才的回归、人才的引进和人才的培训，谁来振兴？同时，生态振兴和文化振兴是约束条件，切忌在产业振兴中生态被破坏了，文化被忽视了。

（作者系福州大学建筑与文化研究所所长、教授、博士生导师。本文是作者在乡村复兴论坛·松阳峰会上的演讲）

# 县乡连线

## 全面推进乡村振兴实现农民富裕富足

⊙ 侯文

自 2018 年 9.1 万贫困人口脱贫摘帽以来，武冈坚持以习近平新时代中国特色社会主义思想为指导，深入学习贯彻习近平总书记考察湖南重要讲话精神，按照许达哲书记关于在实施"三高四新"战略、建设现代化新湖南的新征程中不断开创全省"三农"工作新局面的要求，着力以党建引领乡村振兴战略实施，持续做好巩固拓展脱贫攻坚成果与乡村振兴有效衔接。2020 年武冈被中共中央机关刊物《求是》直属的《小康》杂志社评为"中国社会保障百佳县市"，获评全省实施乡村振兴战略先进县市区。

### 一、坚决扛牢政治责任，确保农民得到实惠

习近平总书记强调，各级党委要扛起政治责任，落实农业农村优先发展的方针，以更大力度推动农业高质高效、乡村宜居宜业、农民富裕富足。乡村振兴，农民是主体，更是受益者。只有实现农民富裕富足，形成乡村与城市协调、互补、共享发展的良好局面，全局发展才会更加和谐。

过去一段时间，武冈与许多欠发达地区一样，不平衡不充分的矛盾比较突出，农村落后问题凸显。近些年来，武冈坚决扛起政治责任，突出市、乡、村三级书记抓乡村振兴，坚持农业农村优先发展，党、政、人、财、物等工作向占市域人口多数的农村倾斜，坚定不移抓好粮食和重要农副产品生产供应，建好用好科技兴农平台，推动农业机械化、信息化、智能化融

合发展，大力发展家庭农场、农民合作社等新型经营主体，推进省委"百千万"工程和"六大强农"行动，支持生物种业关键技术研发与应用攻关，积极推广良种良法，促进现代化制种业和制种基地更好发展，农业生产能力大幅提升，农民生活更加富足，农村和谐稳定。全市粮食播种面积稳定在 100 万亩左右，总产 45 万吨左右，生猪出栏 80 万头左右，农林牧渔业增加值由 2013 年的 34.9 亿元增加到 2020 年的 58.7 亿元。农村居民人均可支配收入由 2013 年的 6722 元增长到 2020 年的 14669 元。成功引进刘少军院士建立雪峰山鱼种繁殖谷，农村创新创业、主要农作物全程机械化、县域数字农业农村发展、农村承包地确权登记颁证。农作物病虫害统防统治和民政工作先后荣获全国先进，实施乡村振兴战略、农村人居环境整治、高标准农田建设、粮食生产先后荣得全省表彰。

## 二、坚决加强组织实施，确保统筹规划得力

乡村振兴战略落实到地方，需要加强统筹规划、组织实施推进。武冈市委坚决履行乡村振兴主体责任，强化联席会议调度，明确乡村振兴正面清单和负面清单，完善乡村振兴领域重大问题解决机制，统筹发挥好政府、市场、企业、行业协会、商会等在共同推进乡村振兴中的作用，使各项政策、资源全面惠及农村群众，确保党中央和湖南省委、邵阳市委关于乡村振兴的决策部署在武冈落地落实。

切实加强乡村振兴规划与脱贫攻坚规划的衔接，全面盘点脱贫攻坚期完成的基础设施和公共服务设施底数，全面考虑建设时间、使用情况等因素，有计划开展、巩固提升，确保规划充分尊重客观规律、符合群众意愿。建立"一个指挥部抓到底、一张蓝图干到底、一体化推进面上覆盖到底"机制，在"十三五"期间集中做好了吃穿有靠、就业有厂、安居有房、疾病有医、读书有教、年老有养、饮水有源、组织有力等民生事业。16156 户 25252 人农村低保应保尽保；市工业园安排了近 2 万人就业，全市各村全覆盖建成扶贫车间 332 家，提供就业岗位 9986 个；全域三级联动乡村医疗体系完备，村级首诊率和大病定点医院救治率分别为 65% 和 96.23%；城乡 163 所薄弱学校改造及湖南师大武冈附中等 6 所新学校建设全部完成，新增学位 33460 个；提质改造了 14 家敬老院为康养院，养老床位增加到 4768 张；通过共建共享、互联互通、同网同价，建成城乡供水一体化体系，农村自来水普及率达到 87.5%。群众获得感不断提升，2020 年省综治民调居邵阳第一、全省前列。

### 三、坚决推进党管人才，确保广泛发动能人

　　坚持党管人才，注重发掘本土人才、引进外来人才、留住现有人才，吸引更多的人才为乡村振兴献智献力。发挥党政人才作用。平均每年提拔和进一步使用乡村振兴一线干部 70 余人，采取选派第一书记等方式，引导党政人才到乡村振兴一线实践锻炼。目前，武冈已向村级一线派驻第一书记 301 人、科技特派员 85 人、乡村振兴指导员 315 人，特别是在村（社区）"两委"换届中，选优配强乡村振兴"领头雁""排头兵"，新当选党组织成员大专以上学历增长一倍，达 551 人，村干部队伍整体素质得到优化提升。加强社会人才引育。注重把优秀人才引回来、培养好，充分发挥武冈籍商人遍布海内外的优势，成立了 21 个市域外武冈商会，在全市 18 个乡镇（街道）设立商会，安排乡镇（街道）党（工）委书记担任商会党支部第一书记，以强的领导力促动内外商会会员返乡创业活力，几年来共引进 1506 名在外创新创业的人才返乡投资兴业，在全市 299 个村推进产业项目 1100 余个，促进全市产业项目量每年以 70% 左右的速度增长。

　　创新完善人才机制。制定实施《武冈市都梁人才行动计划》，市财政每年设立人才发展专项资金 1000 万元用于各类人才引进工程和专项培育计划，深化与湖南农大及湘粤桂三省（区）贫困村创业致富带头人培训基地的战略合作，近年来开展农民农业实用技术培训等 2 万多人次。严格落实基层干部及各类人才待遇保障，分类建立健全涵盖品德、知识、能力、业绩和贡献等要素的农村人才评价体系和奖补制度，引导 3188 名大学生、退役军人、各类退休人员等到农村创业和发展。

### 四、坚决贯彻农财兴农，确保资金投入效能

　　始终坚持党集中力量办大事的优良传统，始终坚持转移支付因农用农，按照"多渠道进水、一个池子蓄水、做好项目库引水、一个龙头放水"的原则，完善涉农资金统筹整合，保障乡村振兴资金效益最大化。持续把农业农村作为一般公共预算优先保障领域，建立财政投入刚性增长机制，市财政按全年财政收入增量固定比例增列乡村振兴预算，对清理回收可统筹使用的存量资金向乡村振兴倾斜。落实税收减免政策，支持以市场化方式设立乡村振兴基金，扩大农业新型经营主体贷款贴息项目，鼓励金融机构加大涉农贷款投放，引导开发性、政策性金融机构在业务范围内为乡村振兴提供中长期信贷支持，以此撬动金融资本、社会力量参与，重点支持乡村产业发展。

注重加大公共服务资源向乡村倾斜力度，促进城乡教育、医疗、文化设施条件，推动公共服务均等化。近年来，武冈按照"一核两翼三中心镇五示范镇百特色村"城乡发展总体布局，在乡村振兴全面起步之际，集中完成了 14 个农村乡镇的集镇下水道改造、道路硬化等基础设施建设，建成 299 个标准化村卫生室、提质改造 14 个乡镇卫生院和 6 个示范性乡镇（中心）卫生院、将市人民医院建成"三级综合医院"，这些倾斜性的投入保障了武冈教育、医疗卫生、饮水安全、网络光纤、通村水泥路、广播电视等实现市域全覆盖。

## 五、坚决夯实基层基础，确保工作高质推进

全面加强基层基础建设，高密度加强支部工作内容调度，支书负责、党员带头、支部抓落实成为推动工作的常态，为现代农业高质量发展、美丽乡村高质量建设、品质生活高质量打造提供保障。加强农产品生产调度，严把农产品质量关，通过改良化肥、农药等农业生产资料，提高资源利用效率，降低成本实现节本增效。通过生产优质农产品，运用互联网、大数据等技术，建立线上线下互动机制，改造提升传统农业，满足消费者需求，实现提质增效。加强基层项目建设调度，促进建设质量提升，统筹各个领域的建设，管控好占地规模、建设规模、建设标准、外观风貌、建设时序等，不管是每家每户的建设，还是项目和片区的建设，每一个项目的实施都加强培训，严格监管，确保不走弯路，不搞重复建设，项目建设质量不断提高，各类项目超概算率和各建成项目维修损耗率不断下降。加强环境保护调度，促进农民生活质量提升，积极补齐农村生态环境治理短板，健全农村生态环境各领域监督体系。扎实开展农业源污染治理和农村人居环境整治，坚持把农业增收、农民增富、农村增绿有机统一起来，行政村生活垃圾转运覆盖率达100%，空气质量持续向好，地表水达到Ⅲ类或优于Ⅲ类水体比例 100%。

加强淳化民风工作调度，以文化建设的成效确保乡村振兴的长效。在 91 个正科级以上单位、315 个村（社区）全部建立新时代文明实践所（站），建好村级文化阵地 299 个，培养了 256 个各具特色的文化团队，系统性开发释放地方民俗文化活力。加强典型引领，培养出一大批优秀道德模范，其中村级道德模范 3018 名、乡镇道德模范 180 名，全市 15 人、1 个志愿服务团队获得国家级、省级殊荣。

（作者系武冈市原市委书记，现任永州市委常委、常务副市长）

# 发挥好新乡贤文化的积极作用
## ——以浙江省绍兴市上虞区为例

⊙ 潘立峰　余彩龙　杨琴

乡贤文化是中华民族优秀传统文化的组成部分，作为富有典型意义的地方本土文化对我国传统乡村社会发挥了巨大的作用。新时代下，新乡贤群体大量涌现，新乡贤文化应运而生，并积极参与到乡村治理中，成为了一种社会治理的新现象。浙江省绍兴市上虞区 2001 年成立全国第一家乡贤文化民间组织——乡贤研究会。十几年来，以"挖掘故乡历史、抢救文化遗产、弘扬乡贤精神、服务上虞发展"为宗旨，将乡贤文化建设与推进社会主义核心价值观相融合，与乡村治理相结合，有力地助推了当地经济社会和精神文明建设。

## 一、上虞区新乡贤文化建设的实践做法

近年来，上虞区运用当地丰厚的乡贤文化资源，立足"挖、宣、搭、引、育"组织和引导新乡贤文化建设，使新乡贤文化建设在当地深入推进。

### 1.挖掘抢救，留住乡贤传承根基

把一批敬仰自己家乡先贤的热心人，本家、本族、本村有功德业绩的人物一个个整理出来，汇编成乡土、家世教材，用以彰扬祖辈功绩道德，激励子孙后代发扬光大。区级层面建立了乡贤研究会，在民政部门登记注册，目前已吸收会员200余名。

乡镇成立乡贤研究分会，村（社区）建立乡贤参事会和乡贤传承基地。整理完成3000余名乡贤资料，出版《上虞名贤名人》等专著30余本、《上虞乡贤文化》8辑。开展乡贤宗谱修订，至今已整理并提炼了1000多位乡贤的家规家训。结合乡贤诞辰或纪念日，举办各类乡贤名人学术研讨活动100余次。以"人文上虞"建设为契机，对陈春澜故居等80多处名人建筑和文化遗产进行整修或抢救保护，使古今乡贤的文化印迹得到较好保存，让优秀的传统伦理规范发挥古为今用的价值。

### 2. 宣传弘扬，植入乡贤文化元素

提炼历代先贤和当代乡贤人物的精神内核，在城市广场、文化公园、纪念场所等地，以歌颂先贤为主题，开展宣传教育活动，让群众感悟文化、提升价值取向。在城市建筑、文化景观中以碑刻、雕塑、楹联等形式注入乡贤文化元素，用乡贤名字命名城市道路桥梁、亭台楼阁，并建立"上虞名贤名人展厅"，至今已展示720余位上虞名贤风采。自2011年起，全区主题教育活动均把宣传乡贤事迹、传承乡贤精神作为重要内容。在"虞舜论坛""市民讲坛"和"虞舜电视讲堂"中定期举办乡贤主题讲座。在文化礼堂中开展"乡贤精神进礼堂 乡贤爱乡作贡献"主题教育活动，开辟乡贤长廊、设立乡贤榜和善行义举榜，邀请乡贤作事迹报告，推出以乡贤为主题的文艺展演。

### 3. 搭建平台，架起乡贤联系桥梁

通过联络、走访，热情接待回乡的虞籍乡贤，架起故乡与乡贤的连心桥，凝聚更多的虞籍乡贤。成立以乡贤为主体的虞商联谊总会，搭建乡贤虞商与政府交流、对接的平台，建立上海、北京等虞商联谊分会10个，吸收会员1000余名；以"乡情、乡谊、乡亲"为主线，召开"虞商（乡贤）大会"，表彰杰出虞商（乡贤）。聘请20余位著名乡贤为区政府顾问，每年上门走访。区委宣传部组织采访团赴北京、上海、南京、广州、深圳、杭州、香港等地举办"走近虞籍乡贤"采访活动，在区级新闻媒体开设"天南地北上虞人"栏目。目前已陆续走访了30多个国内外城市，拜访了200余位虞籍乡贤，收集整理虞籍乡贤资料，整理汇编《上虞乡贤通讯名录》，向虞籍乡贤寄送《上虞日报》《上虞乡贤报》等报刊资料，传递乡音。

### 4. 引领助推，发挥乡贤榜样作用

以乡情乡愁为纽带，发挥乡贤的智慧，激发乡贤爱乡热情，汇聚乡贤的力量，

使乡贤成为推动经济发展、社会进步的领头羊。积极引导乡贤参与乡村治理，注重把一批乡土精英和有学识专长、创业经验的人才吸引到村主职干部队伍中来，打造一支百姓喜爱的"好支书、新乡贤"队伍；同时，建立乡贤参事会，用他们德治、善治的力量，推进乡村经济发展、社会和谐。树立乡贤典型，发挥他们在热心社会公益事业方面的引领作用。广泛开展"上虞好乡贤""十大道德模范""十大民间爱心人物""学最美人 做最美事""人人崇尚美 个个奉献爱"等评选表彰。

### 5. 育教结合，培育乡贤新生代

在新生代企业家中开展"学乡贤，作贡献"活动，积极发挥新生代企业家的引领作用，用其学识专长、创业经验，在扶贫助学、社会发展、文化交流等方面反哺桑梓，为建设美丽家乡贡献力量。在年轻干部的成长过程中，通过多种途径加入"乡贤"文化元素，鼓励更多的年轻干部"回乡"汲取养分，让他们在广大乡贤的引领下，争做贤者、能者。在中小学生中开展"知乡贤、颂乡贤、学乡贤，做一个了不起的上虞人"的主题教育活动。启动开展新乡贤培育"青蓝工程"，每年组织优秀高中毕业生在奔赴高校前开展新乡贤集体宣誓仪式，让他们牢记不忘故土培养，争做一名新乡贤。在全区各学校建立58所以乡贤名字命名的少儿学院，编写《走近谢晋》《亚泉科普精神》《张杰精神》等一批校本教材；组织学生探访乡贤故居，开展"追寻乡贤的足迹"等活动。

## 二、新乡贤的当代价值和作用发挥

通过典型示范，以古贤感化今贤，以前贤影响后贤，以老贤培育新贤，有力地促进了乡贤文化在当地的滋养和壮大，取得了实实在在的成效。

### 1. 提升了文明感召力

乡贤文化本身所具备的优秀品质和感人效应，在民众间起到了典型引领、示范带动的作用。全国见义勇为先进个人"救火阿三"，身边始终聚集着一批人，跟着他到力所能及的地方义务救火；"点亮一盏灯"创始人董国光已经把爱心公益从上虞扩大至全国，参加人员来自五湖四海；乡贤港胞张杰先生先后捐赠1500余万港币，为家乡建造校舍21栋，荣膺全国第五届道德模范提名奖。到目前为止，上虞拥有全国道德模范提名奖3人，全国"见义勇为"英雄模范1人，浙江省级道德模范 3 人，浙江骄傲 2 人，8 人进入"中国好人榜"，25 人进入"浙江好人榜"。

## 2. 促进了乡村治理

乡贤回乡参与治理，能以自身的文化道德力量教化乡民、重塑乡风。一大批热心公共事业的新乡贤充实到调解队伍中，全区成立了 203 个老娘舅工作室和 5 个专业民间调解机构，开创了群众办事、矛盾调解、信息咨询、致富求助"四不出村"的新模式，有力促进了乡村自治、基层和谐稳定。永和镇项家桥村乡贤叶庆均毅然出资 500 余万元投入村里的河道整治，花 120 万元回购村里一座正遭受破坏的山林进行生态修复；梁湖镇古里巷村乡贤华守夫出全资建设村文化礼堂；东关街道担山村村支书姚宝忠原来在一家乡镇企业当老总，拥有三座矿山，面对全村 1400 多名老百姓的期盼，他放弃自己的事业，走马上任担山村党支部书记，20 多年来，他带领村民搬山办企业，开山挖资源，平山造良田，秀山办菜馆，成为浙江省远近闻名的全面小康示范村。崧厦镇祝温村党总支书记杭兰英，毅然辞掉高薪职务，用 28 年把一个经济薄弱、管理无序的落后村，建成了享有"创业乐园、生态花园、文化公园、人和家园"美誉的新农村建设示范村，她本人被树为拟表彰的第五届浙江省道德模范。

## 3. 助推了经济社会发展

广大虞商在扩大上虞影响、牵线招商引资、参与家乡建设中发挥了重大作用，自 2013 年以来共引进各类回归项目 145 项，到位资金 116.6 亿元，回归经济走在全省前列。在杰出乡贤的带领下，虞籍乡贤纷纷出资回报家乡。浙江舜杰集团分别出资 300 万元和 100 万元，设立"舜杰奖教奖学基金"和"舜杰励志助学基金"，奖励优秀教师和贫困学子；浙江华通集团董事长王苗通每年过年给乡里 70 岁以上老年人发红包，出资 800 多万元为乡里建造剧院，捐资 500 多万元建造小学，又出资一个亿用于建造区体育馆；上海仲盛建设工程有限公司董事长李柏祥捐赠 500 万元创办上浦镇茶花幼儿园；另有 23 家建筑企业致富不忘家乡，合力出资建造上虞城市的标志性建筑——52 层、207 米建筑业总部大楼。"生长在上虞、发展在外地、贡献在家乡"成为了乡贤新风尚。目前，全区共设立乡贤出资的公益基金达 180 余个，涉及教育、卫生、养老、助困等各类领域，本金总额达 18 亿元，被外界誉为"上虞基金现象"。

### 三、发挥新乡贤作用应注意的问题

新乡贤利用自身的才能和较强的资源整合能力参与到乡村治理中，有助于维护乡村秩序、建设乡村共同体和构筑公共精神。但乡贤参与乡村治理依然强调个人能力，如果不加以正面引导，会使得乡贤异化。

#### 1. 乡贤概念具体化问题

新"乡贤"大体包括了在外从政、从商、从教，以及专家学者、在村民中具有较高威望的其他人士等。"德高"才能"望重"，才能处事公道，才能赢得村民信任。但在具体实践中，由于缺乏具体的衡量指标，导致基层认识有偏颇。在对全区村党组织书记的调研中，对乡贤最为突出的要素问题中，选择道德品德好的仅占比31.2%，而绝大部分选择了致富能力强、有一定经济和社会地位的人。这会导致一批尽管位高权重、财大气粗或者才学渊博，但品德和名声不好的人进入乡贤队伍，违背"贤人治村"的本意。

#### 2. 乡贤参与的可持续问题

调研中发现，乡镇和村两委之所以希望乡贤能够参与乡村治理，主要还是看重乡贤手中的经济资源，希望他们能更多地捐钱出资。而一味地从经济层面来要求乡贤，很容易导致乡贤参与热情日益降低和其他功能的弱化。乡贤在众多领域发挥着重要的作用，但其最需要突出的是乡贤在乡村治理中的示范、引领和带动作用，除了物质层面更主要的还是精神层面。同时，当前大部分乡贤常年在外，回乡的频次和时间都很少，很难及时回来帮助和参与村级事务管理。因此也很难真正融入乡村，发挥作用。

#### 3. 乡贤与村两委关系问题

作为乡贤参与乡村治理的社会组织——乡贤参事会的成立给乡村治理带来了新的挑战和问题。比如村两委对乡贤参事会的理事成员有把关权、个别村干部还在理事成员中等，通过这些举措确保乡贤参事会在村党组织的领导下开展活动。但乡贤在乡村治理中的力量不容忽视，如果运用和引导监督不当，也会产生一定的弊端，甚至会动摇村两委的地位。如调研中，我们发现乡贤参事会在当地村民中有很高的威望，甚至超过村两委；而村两委对乡贤的态度也冷热不均，既希望他们能出钱建设公共事业，又不希望他们过多地干预村级管理，怕影响自己在村里的权威。

### 4. 乡贤与依法治村的关系问题

乡贤本身拥有一定的社会威望，拥有普通村民不可能具备的社会资源，甚至是政治资源。而在乡村治理过程中，就有可能出现乡贤霸占公共资源、假公济私的问题，或者因乡贤个人资源垄断造成其他村庄利益的损失。同时，乡村社会是个十分注重情理的社会，乡贤在参与乡村治理中也有可能出现以个人威望代替法律和制度来处理乡村纠纷和矛盾，违背依法治村、制度治村的治村原则，乡贤在与宗族结合治理乡村社会时，有时难免与私利交杂。乡贤参与乡村治理应着力解决谁来治村的问题，却不能忽视现代治理中法律和制度因素的根本性。

（作者单位：浙江省绍兴市上虞区委宣传部；绍兴市上虞区社科联；绍兴市上虞区委党校）

# 警惕政务"数据信任危机"

⊙ 谭雯

近日，湖南省就全辖区人口开展了一次养老保险参保和养老金发放情况的摸底大调查，为政府相关决策提供准确数据参考。轰轰烈烈的调查之下，潜藏着政务数据管理方面存在的机制性问题，需要引起上层关注。

## "运动式"的数据采集

为得到一手真实数据，调查任务下沉至镇村两级开展，要求根据户籍信息逐户逐人询问情况，同时收集相关佐证资料（个人手持身份证和社保卡照片），并由调查对象签字并登记电话号码，最后根据镇村两级书记签字确认后的纸质版信息进行电子版录入，再导入信息系统进行统计。这种"运动式"的数据收集方式，最大程度上确保了数据的真实性，为政府精准决策提供了有力支撑。但大量的电话号码、身份信息、住址等个人隐私的填报和录入，佐证照片的拍摄和采集，增加了公民的隐私泄露风险，而系列工作所必须花费的近一周时间和大量人力投入，也极大增加了基层负担和政府决策成本。

## 警惕"数据信任危机"

在信息化政务系统全面普及的当下，缘何要依赖于如此原始的方式来收集数据？分析此项工作后不难发现，它所涉及的信息来源关系到多部门，具有多渠道采集的特点（如关系到停止养老金待遇发放的关键依据"死亡时间"，存在民政、卫健和公安3个部门数据来源），由于部门间数据管理体系相对独立，当不同来源的数据在大数据比对时出现差异，同时又缺乏判定数据真实性的依据时，全体数据的质量便会遭到质疑，最终只能诉诸基层进行人工全面核查。如若此类"数据信任危机"得不到解除，在政府治理体系和治理能力现代化的要求下，政务数据需求将愈加频繁多样，仅仅依赖于此种"运动式"的数据采集方式，将难以适应新时代的政务数据需求。

## 数据信任亟待建立

在此次信任危机出现之前，政务数据并非不存在真实性问题，只是在数据使用相对独立（如仅供部门内部使用）时，其真实性未曾受到挑战和质疑。当前某些工作需要部门间数据综合应用时，才在大数据比对中将这种"不可信"推上了台面。要建立起数据信任，必须化"运动式"为"常态化"，从体制机制上进行改变和完善，建立起一套从采集、管理和使用全流程都具有可信保障的数据管理机制。

一是要明确数据采集的"守门人"。各部门应当依据"管行业、管数据"的原则，承担分管行业的数据采集责任，并对数据真实性做好核查。对于可通过多部门多渠道收集的数据，要以方便群众为原则，采用"首报负责制"，由群众首次申报的部门负责核实和采集。

二是要装好数据变更的"记录仪"。强化数据管理系统内的全流程监管，数据管理系统应当对数据变更（包括时间、申报人、原由、经办人、佐证材料等）进行详细记录，让数据变更过程清晰、明了、可追溯，保障数据管理过程中的真实性。

三是要拆除数据使用的"隔离带"。打通部门数据在使用上的壁垒，增加跨部门大数据分析比对的应用，在使用中发现和修正数据误差，进一步提升数据质量，增强数据可信度。

（作者系湖南省临澧县修梅镇副镇长）

# 土地综合整治的现状、问题及对策
## ——以江苏省淮安市淮阴区为例

⊙ 包卫兵

　　土地是农村最大的资源和最重要的生产要素。开展土地综合整治，就是以土地政策为平台，以村土地利用规划编制为基础，促进"多规融合"在乡村落地实施，进一步破解农村土地"不能用、用不好"的困局，激活土地这个宝贵的要素资源，为农村农业生产、村庄建设和产业发展优化空间布局，对各类各业用地实行精准配置，加快构建城乡要素平等交换体制机制，打通绿水青山转变为金山银山的通道。江苏省淮安市淮阴区在土地综合整治过程中，积累了一些经验，值得深入思考。

## 一、淮阴区土地综合整治的基本情况

　　江苏省淮安市淮阴区辖区面积 196.09 万亩，包含徐溜镇、刘老庄镇、渔沟镇、丁集镇、淮高镇、三树镇、马头镇、南陈集镇、高家堰镇、古清口街道、长江路街道、新渡口街道、王家营街道 13 个乡镇（街道），共 266 个行政村（自然村），农用地 142.44 万亩，永久基本农田 94.6316 万亩。

　　党的十九大以来，淮阴区按照《中共中央国务院关于实施乡村振兴战略的意见》精神要求，坚持高标准、高质量建设集中居住点，以集镇集中、整村推进为重点，注重居住点的房屋、基础设施、公共服务等各方面的标准化，实现布局合理、人员集中、土地集约的目标，节约大量的社会公共服务资源。区政府及时出台《淮安市淮阴区土地整治规划（2016—2020年）》，落实占一补一、占优补优、占水田补水田，促进耕地数量、质量和生态三位一体保护。2018年组织实施省级投资土地整理项目8个，项目总规模91399.8亩，投入资金24742万元。耕地占补平衡着力实施，在全区后备资源十分紧缺的情况下，入库耕地占补平衡项目共计39个，总规模1435.05亩，其中6个项目已经通过淮安市自然资源和规划局验收，确认新增耕地276.435亩。2017年度挂钩转占补节余可用于占补平衡耕地面积650.9亩获批准。

淮阴区还通过农村相对集中居住，完善农村各类配套的基础设施建设，提升农民生活质量，优化人居环境，改善村容村貌；通过土地流转推动金融资本向农村流动，解决农村建设资金不足的问题，有利于推进建设农业强、农村美、农民富的乡村振兴事业。

## 二、土地综合整治过程中存在的问题

土地综合整治是新生事物，就其内涵而言，整治项目工程中应有田、水、路、林、村等诸多内容，但在各地目前实施的项目中，工程仅涉及田、水、路的整治，林、村的整治涉及较少，有整治而无综合布局。

一是土地综合整治的综合程度不够。农村用地结构散乱和土地利用粗放的现实困局尚未扭转，耕地保护碎片化、空间布局散乱化、土地利用低效化问题凸显。随着乡村振兴战略实施推进，农村在规划方面的滞后和耕地保护上的压力日渐显露，特别是永久基本农田不能调整以及用地指标紧缺，基层处在"有想法却没办法"和"抱残守缺"的境地。

二是村庄综合整治规划滞后。当前，农村土地管理除缺乏村庄布局整体规划外，对农村土地管理也缺乏研究和完整的政策体系，特别是对宅基地管理政策研究不够。可以说由于农村土地政策制度供给不足，农村的土地"自己用不上、用不好"和土地增值收益长期"取之于农，用之于城"的困局亟待破解。村庄综合整治规划是新生事物，其编制规划尚未出台，规划成果也没有相关标准。土地综合整治规划项目要求与新农村建设规划相结合，而村庄综合规划成为土地综合整治项目的组成要件，村庄整治规划应怎样规划、规划成什么、规划编制经费如何解决是亟须解决的问题。

三是政府各部门配套资金难以落实。土地综合整治涉及土地整理复垦开发、农村公路建设、农业综合开发、农田水利、扶贫开发、电力、通讯、烟草等相关涉农资金的集中使用。目前，由于强调各自本部门利益，部门承诺配套资金难以到位，不能形成合力。如何落实综合整治中的综合配套资金，是目前存在的主要问题。

四是项目实施时协调配合不够。土地整治项目实施时涉及国土资源部门、施工方、监理方、当地乡镇政府、村组、村民等多个方面，协调好了，相互支持，可以形成合力，事半功倍，但在项目实施中，往往各自为政，导致意见分歧，有时甚至相互制肘，事倍功半。

五是后期维护力度不够。有些项目验收完成后就万事大吉，移交给当地村组后不重视甚至放弃监管，有些农村集体经济组织接收整治后的土地后只注重"用"而不注重"养"，不重视后期管护，导致土地产能下降，没有充分实现土地整治的作用。

## 三、改善土地综合整治的对策和建议

为切实加强农村土地综合整治工作，把好事办好，需要从以下方面着手。

第一，提高思想认识。地方各级党委和政府要充分认识加强农村土地综合整治的重大意义，主要负责人亲自抓，落实政府组织编制和加强农村土地综合整治的主体责任，明确责任分工，落实工作经费，加强队伍建设，加强监督考核，做好宣传教育。让群众充分认识到，开展土地综合整治是实现由土地整治向规划管控和空间治理转变的一项农村土地管理制度供给和自上而下的顶层设计，是解决农村用地碎片化、无序化、低效化的有力抓手，是基层对土地管理和发展用地及政策需求、渴望的积极回应，是对"千村示范、万村整治"的继承和发展，是实施乡村振兴战略的重要平台，是推动城乡融合发展的有效途径，是推进生态文明建设的重要举措。在实际工作中，采取挂图作战的方式，成立工作指挥部，主要领导亲自挂帅指挥，倒排时间表，形成路线图、作战图，坚决防止"片面追求新增建设用地指标""大拆大建、建新不拆旧""政府大规模负债""引入社会资本建别墅大院和私人会馆"等倾向，让土地综合整治始终走在促进乡村振兴、助推赶超发展的正道上。

第二，突出规划引领。坚持底线思维，立足资源禀赋和环境承载能力。土地综合整治是一项系统工程，首先编制农村土地综合整治规划和村庄建设规划，在充分尊重农民意愿的情况下，合理规划农村基础设施建设，科学布局农村产业结构，正确引导农民集中建房。强化"多规融合"和规划引导，以乡村土地利用规划编制为基础，做好与整治区域内的生态规划、农业发展规划、美丽乡村规划、村庄布点规划、道路及水利专项规划等各专项规划的衔接，按照控制总量、优化增量、盘活存量、释放流量、实现减量的要求，促进土地资源要素有序流动，提升土地节约、集约利用水平。

第三，强化政策配套。自然资源部门要强化统筹协调工作，切实负起责任，会同有关部门按照土地综合整治总体框架，完善制度设计，加强专业队伍建设，定期对辖区土地综合整治进行监督检查，重大事项及时向党委、政府报告。开展全域土地综合整治，资金保障十分重要。根据全域土地综合整治需要，整合涉农工程项目支持，优先将农村生态环境整治、农业两区建设、美丽乡村建设、一二三产业融合发展、交通水利设施等涉农项目，安排在全域土地综合整治范围内立项，系统整合自然资源、农业、林业、环境、交通、水利等相关部门资源，提高推进农村土地综合整治资金和政策保障能力，实行统一规划、统一立项、统一施工、分别验收。坚持政府主导和市场化运作相结合，拓宽与国家政策性银行的战略合作，积极鼓励引入社会资本投资，多渠道加强资金保障，减轻财政压力。

第四，聚焦工作推进。加大土地权属纠纷的调处力度，工作中应切实加强对调处工作的组织领导，成立土地整治权属争议调处领导小组，抓好土地权属争议的应急机制建设，预防土地整治过程中的突发事件。完善土地权属争议调处机制，贯穿整个土地整治项目始终，实现"定纷止争"。注意调处方式，农村土地权属争议的成因复杂、年代久远，注意减少土地权属争议升级，减少行政复议与行政诉讼，及时有效化解矛盾。

群众是乡村振兴的主人，各级党委、政府要遵循自愿、合法、有偿的原则，保障农民的知情权和参与权，防止土地综合整治工作盲目推进试点，搞政绩工程、形象工程，不搞行政命令强行拆迁，保护土地所有权人和使用权人的合法权益，保证党和国家的富民政策在自然资源和规划系统落地生根。

（作者单位：江苏省淮安市自然资源和规划局淮阴分局）

# 消除村集体财务监督的盲区

⊙ 田光生

　　随着一系列村集体财务监督制度得以制定和实行，村干部在财务方面的腐败行为，得到了有效遏制。笔者在担任村财务监督主任以来，针对 5 个乡镇、11 个行政村的村财务监督情况，进行了调查，并随访了部分村民，记录、归纳、总结了他们对村财务监督的意见，发现经济欠发达地区的村财务管理中，还存在着难以监督到位的盲区。

　　盲区主要体现在行政村部分经费的申请和使用难以得到监督。这可以从村经费来源的途径上溯源。当前，行政村办公经费的来源，主要有两个渠道。一是乡、镇政府划拨给村里的办公经费。这类经费已明文规定，要实行财务公开，村支两委、村财务监督委员会，多方面都知情，经费的使用容易被监督到位。二是村干部从上级单位 ( 除乡、镇政府外 ) 争取到的经费。这类经费不固定，来源和多少与村干部公关能力的强弱有关系。这里也分两种情况，第一种情况是经费不属于乡、镇政府划拨给村财务计划之内，即经费输入途径不经过乡、镇财务管理部门之手 ( 怕被截留、挪用 )。另一种情况是经费的输入途径经过乡镇财务管理之手，按有关规定，村与乡镇按比例分成，争取经费的村干部还可提出一定比例的辛苦费。此类途径的经费，能否进行财务公开，完全受村干部的思想觉悟决定。如果拨付经费的单位不对划拨经费的去向和用途进行追踪，或者由于案发被暴露，这笔经费外界很难知晓是否被占为私有。笔者认为，腐败行为的发生，单纯依靠个人的思想觉悟自觉地进行抵制，是不牢靠的，可依靠的应是法律、制度和纪律。

那么，如何对这类经费进行有效的监督，笔者认为可以从三方面着手。

首先，村财务监督委员会受领导的方式可改变。村财务监督委员会在行政村部门结构中，处于尴尬的位置，其成员由于是民选产生，又不被纳入正式编制，加上被选入人员的倡廉思想与村干部、乡镇党政领导的管理理念存在差异，村财务监督委员会往往被认为是与村干部唱反调、找麻烦的部门，甚至被臆想为村经济发展道路上的绊脚石，不被上级（村、乡镇）领导所待见，工作阻力非常大。因而，可以尝试把村财务监督委员会由受村组织单级垂直领导，设置成双重或多重领导，即在政治上受村组织直接领导，做到政治方向不偏航，同时在业务上受县财务管理部门或纪律监察部门的领导，独立行使监督职权。形成村党支部、村委会、村财务监督委员会三者之间互相合作、互相监督、互相制约的形式。

其次，村财务监督委员会成员的工资待遇可适当提高。当前，经济欠发达地区的村财务监督委员的工资普遍较低，并受当地村、乡经济发展程度的影响，主任年工资最高为1500元，其他委员年工资仅有750元。这样的待遇，严重挫伤了财务监督委员的工作积极性。因此，适当提高村财务监督委员的工资待遇，并尽可能地纳入县级财政预算体系，为其提供经济保障，对刺激监督委员战胜困难，干好财务监督工作，是一条可行的途径。

再次，要完善经费申请制度，扩大村财务监督委员会的职权。行政村向上级单位申请经费的报告书上，实行村支部、村委会、村财务监督委员会同时会签，三者缺一不可方能生效的严格规定。划拨经费的单位，在划拨经费后，不仅要分别通知村支部、村委会，还要及时单独通知村财务监督委员会，做到所争取到的经费全部公开。

如果财务监督制度完善了，监督委员又充满昂扬的工作激情，且监督职能得以全部履行，那么村级财务环境必将会是整洁、规范、健康的景象。

（作者系湖南省麻阳县锦和镇长潭溪村三组村民）

# 三农论剑

## 乡村振兴战略的历史形成及实施进程

⊙ 魏后凯

　　到目前为止，乡村振兴战略的制度框架和政策体系已经基本形成。乡村振兴战略是一项全面的大战略，乡村振兴的目标和主线就是乡村的全面振兴。

一

　　最早在 2005 年 10 月党的十六届五中全会上中央提出建设社会主义新农村的总体要求：生产发展、生活宽裕、乡风文明、村容整洁、管理民主。经过 10 多年的新农村建设，农村的面貌已经发生了很大变化，大家就觉得 20 字的方针已经与时代的要求、需求不相适应了，所以学术界有人提出新农村建设要转型升级，并出现了很多不同的设想。

　　到党的十九大，中央明确提出了实施乡村振兴战略，而且提出了 20 字的乡村振兴总要求：产业兴旺、生态宜居、乡风文明、治理有效、生活富裕。可以看出，乡村振兴战略的 20 字总要求是过去新农村建设总体要求的一个升级版，生产发展改变为产业兴旺，生活宽裕改变为生活富裕，乡风文明没有变化，村容整洁改变为生态宜居，管理民主改变为治理有效。这个总要求已经体现了乡村全面振兴思想的萌芽。2017 年 10 月，我就在相关建议中提出乡村振兴不是某一个领域的振兴，而是经济、社会、文化、生态方面的一个全面振兴的综合概念，要促进乡村全面振兴，可以分"三步走"来实现，到 2035 年基本实现农业农村现代化，到 2050 年全面实现农业农村现代化，将我国建设为农业现代化强国。

2017 年年底，中央农村工作会议明确提出乡村全面振兴的思想，而且要求 2050 年实现乡村全面振兴。在这个会议上，习近平总书记提出，要走中国特色社会主义乡村振兴道路，包括 7 个"之路"，即走城乡融合发展之路、共同富裕之路、质量兴农之路、乡村绿色发展之路、乡村文化兴盛之路、乡村善治之路、中国特色减贫之路。2018 年中央一号文件《中共中央国务院关于实施乡村振兴战略的意见》，对促进乡村全面振兴的目标、任务和路径进行了顶层设计。2018 年 3 月 8 日，习近平总书记参加山东代表团审议时，提出乡村产业、人才、文化、生态、组织"五个振兴"。习近平总书记这一次讲话实际上是系统阐述了乡村全面振兴的目标任务和实现路径。产业振兴是物质基础，人才振兴是关键因素，文化振兴是精神基础，生态振兴是重要支撑，而组织振兴是保障条件。

2018 年 6 月，中共中央、国务院印发的《乡村振兴战略规划（2018—2022 年）》，进一步明确了乡村振兴战略的目标思路、重点任务和实施路径。该规划共 11 篇 37 章，明确提出 9 大工程、3 大行动、3 大计划。中央提出到 2020 年乡村振兴要取得重要进展，一个重要标志就是制度框架和政策体系基本形成。我们的评估结果表明，2020 年这个目标已经达到，第二步是到 2035 年乡村振兴要取得决定性的进展，农业农村现代化要基本实现，到 2050 年乡村全面振兴，农业强、农村美、农民富全面实现。

2018 年 9 月，习近平总书记在中共中央政治局第八次集体学习时把乡村振兴提到一个很高的战略位置，强调乡村振兴战略是关系全面建设社会主义现代化国家的全局性、历史性任务，是新时代"三农"工作总抓手，而且把农业农村现代化是总目标，坚持农业农村优先发展是总方针，产业兴旺、生态宜居、乡风文明、治理有效、生活富裕是总要求，建立健全城乡融合发展体制机制和政策体系是制度保障的关系明确了。

二

党的十九届五中全会通过了《中共中央关于制定国民经济和社会发展第十四个五年规划和二〇三五年远景目标的建议》，该建议提出了"十四五"时期"六新"的发展目标，在此框架下明确提出了要优先发展农业农村，全面推进乡村振兴。实际上可以看出，2020 年实现了脱贫攻坚的目标以后，"三农"的工作重心将由过去的脱贫攻坚转移到全面推进乡村振兴上来。中央的建议是从 4 个方面展开，包括提高农业质量效益和竞争力，实施乡村建设行动，深化农村改革，实现巩固拓展脱贫攻坚成果同乡村振兴有效衔接。实际上"十四五"规划也是按照这 4 个方面的重点任务来展开的。

2020 年年底的中央农村工作会议是一个很重要的会议，习近平总书记提出了"民族要复兴，乡村必振兴"，把乡村振兴提升到中华民族伟大复兴的新的高度，从大历史观的角度来看待乡村振兴问题，来看"三农"的问题。而且总书记明确提出脱贫攻坚取得胜利后，要全面推进乡村振兴，这是"三农"工作重心的历史性转移，同时强调对摆脱贫困的县从脱贫之日起设立 5 年的过渡期。

2021 年的中央一号文件明确提出，要把全面推进乡村振兴作为实现中华民族伟大复兴的一项重大任务，要举全党、全社会之力加快农业农村现代化。文件还明确提出要坚持农业现代化与农村现代化一体设计、一并推进，这意味着不能把两者割裂开来，更不能说只重视农业现代化，不重视农村现代化；同时强调要把乡村建设摆在社会主义现代化建设的重要位置。文件还有一个创新，即提出要促进农业高质高效、乡村宜居宜业、农民富裕富足，也即"两高两宜两富"，是"农业要强、农村要美、农民要富"的阶段性目标表达。

三

2021 年 3 月召开的十三届全国人大四次会议通过了《中华人民共和国国民经济和社会发展第十四个五年规划和 2035 年远景目标纲要》(以下简称《纲要》)。《纲要》中有四章来讲乡村振兴。第二十三章是提高农业质量效益和竞争力。其中一个创新点是，过去我们只说保粮食安全，十四五规划是要保障粮、棉、油、糖、肉、奶等重要农产品供给安全，而且明确提出要建设国家粮食安全产业带，建成 10.75 亿亩集中连片高标准农田，农作物耕种收综合机械化率提高到 75%。第二十四章是实施乡村建设行动。其中明确提出推进县域内教师、医生交流轮岗，农村生活垃圾就地分类和资源化利用。第二十五章主要是讲健全城乡融合发展体制机制。允许农村集体在农民自愿前提下，依法把有偿收回的闲置宅基地、废弃的集体公益性建设用地转变为集体经营性建设用地入市，建立土地征收公共利益认定机制。第二十六章讲实现巩固拓展脱贫攻坚成果同乡村振兴有效衔接。这些年来中央专项扶贫资金就投入近万亿元，但是过去有关部门尤其财政部门只有对扶贫资金的管理，对扶贫资产的管理没有引起应有的重视，《纲要》已经把扶贫项目资金、资产的管理纳入进来，2021 年中央一号文件也提出要加强扶贫项目资产管理和监督。

《纲要》还高度重视统筹发展和安全。把粮食安全放在经济安全的第一位，明确提出要实施分品种保障策略，确保口粮绝对安全、谷物基本自给、重要农副产品供应充足。过去说要确保谷物基本自给、口粮绝对安全，是把口粮放在谷物之后，现在新的政策是先提保口粮绝对安全，谷物基本自给排到后面，然后是重要农副产品的供应充足，包括棉、油、肉、蛋、奶等重要的农产品。

然后再看《关于 2020 年国民经济和社会发展计划执行情况与 2021 年国民经济和社会发展计划草案的报告》（以下简称《计划报告》）。其中，2021 年主要任务中的第六部分，对全面推进乡村振兴、稳步推进农业农村现代化作了安排，明确提出建设 1 亿亩旱涝保收、高产稳产高标准农田，提高农房现代化水平。在统筹发展和安全、防范化解重点领域风险部分，明确提出支持利用撂荒地发展粮食生产，实施重要农产品进口多元化战略。

《计划报告》还提出很多重要行动和工程。比如说实施脱贫地区特色种养业提升行动，深入开展乡村振兴科技支撑行动，实施乡村建设行动，实施农村人居环境整治提升五年行动。过去我们搞了人居环境整治三年行动方案，取得了很大成效，但是当前农村人居环境还远远不能适应农业农村现代化和乡村振兴的需要，要进一步深入推进，所以我们接续实施农村人居环境整治提升五年行动。同时，还提出一系列工程，包括实施国家黑土地保护工程、现代种业提升工程、农业关键核心技术攻关工程等。

2021 年 4 月 29 日，十三届全国人大常委会第二十八次会议表决通过《中华人民共和国乡村振兴促进法》。首先，这部法律是具有统领作用的基础性、综合性法律，着重点在于促进。促进什么？就是五大振兴加上城乡融合，包括产业发展、人才支撑、文化繁荣、生态保护、组织建设和城乡融合。谁来促进？强调政府及其所属部门的作用和责任，鼓励、支持全社会参与。如何促进？主要是明确路径、体制机制和政策措施。其次，这部法律注重乡村振兴的长效机制。在文本中有 17 次出现了"制度"，31 次出现了"机制"，提出了一系列制度安排、体制机制和长效机制。最后，这部法律突出党委领导、政府主导、农民主体，强调要发挥政府的主导作用。文本中 52 次出现了"国家"，77 次出现了"政府"，13 次出现了"部门"，同时在这部法律中，把坚持农民的主体地位作为五项原则之首，贯穿法律全文。除了促进，这部法律也设置了负面清单即约束和限制措施，规范各主体行为。

（作者系湖南师范大学中国乡村振兴研究院专家委员、中国社会科学院农村发展研究所所长）

# 乡村教育事关中国乡村未来的命运

⊙ 张孝德 萧淑贞

近日，山西撤并乡村学校的计划引发了媒体和专家的广泛讨论。其实早在 2000 年至 2010 年持续 10 年之久的乡村学校大撤并就曾引起过舆论的质疑、讨论和决策部门的回应。然而 10 年后的今天，撤并之风再起。我们认为，这不单单是山西独有的现象。在近年实施的乡村振兴战略工作中，在全国层面也不断出现类似的做法，例如全国性的农村厕所革命、冬季取暖改造、拆迁大棚整顿等，把本来是好心办的"事情"做成了"事件"的事频频发生。从去年山东的拆村并居到今年山西的撤并村校，充分说明在乡村教育和乡村振兴领域存在严重的认识混乱问题。如果我们不对这些问题进行彻底的反思，仍然就事论事，将来可能还会出现另一个山西或山东，出现另一些把"事情"变成"事件"的事。

在乡村振兴的热点中，人们更容易关注产业振兴，很少关注乡村教育，但撤并乡村学校是关系乡村命运乃至中华文明复兴的大事，在此抛砖引玉，希望有更多关心乡村的仁人志士能够参与讨论。

## 一、乡村是否需要搞教育？

按照目前的撤并逻辑，乡村不需要教育，只是乡村孩子需要教育，所以把乡村孩子集中到县城接受教育也就解决了乡村教育的问题。与此相对应的另一个潜在的逻辑是，城市孩子不仅需要教育，城市建设更需要农村的孩子到城市读书。

21 世纪以来，持续 10 年的撤并学校确实是按照这个逻辑做的，撤点并校成了推动城市化、拉升城市消费的重要途径和套路，这项工作还被公开誉为推进城市化的小手拉大手工程。这个套路对于拉动城市化率确实有效，有学者调研发现，大约有 30% 的农民是因为孩子上学被逼进了城。

按照目前流行的撤并逻辑走下去，必然得出这样一个结论：乡村不要教育，城市化才需要教育。我们认为，这是一个大是大非的问题，也是关系乡村命运的大事，关系到乡村振兴发展方向的大问题。

在乡村不需要搞教育背后，潜藏着另一个结论：我们根本不需要乡村，在城市化突飞猛进的时代，乡村没有多少价值。这种认识与中央提出的乡村振兴战略严重相悖。目前的乡村已经是老人与妇女儿童的乡村。如果按照山西撤并乡村学校的速度和做法，未来山西将会出现一大批只有老人、没有妇女儿童的乡村。这样下去，就为下一步拆迁这些村庄创造了条件，找到了理由。我们发现乡村不需要搞教育背后就是让乡村最终消亡。如果真是这样，那么，在撤并村校的套路下，"十九大"提出的乡村振兴战略就会演变成消灭乡村，让乡村消亡的"振兴"。

## 二、乡村是一个不能搞教育的地方吗？

无论我们怎样讲乡村需要搞教育，也有人会以这样的理由反驳，不是我们不知道乡村需要教育，而是乡村确实不能搞教育。目前有的地方之所以还在大张旗鼓地撤并乡村学校，就是因为主张撤并学校的官员认为有足够的撤并理由。这个理由就是乡村学校教育质量差、学生越来越少，迟早要消失。其实支撑撤并的理由就是农村是个不能搞教育的地方。如果就问题谈问题，结论似乎就是这样，没有办法。但如果我们把这个问题放在一个大背景下看，就会发现这个问题的本质不是乡村本身不能搞教育，而是错误的站位和态度认定了乡村不能搞教育。

认为乡村不能搞教育是仍然站在过激城市化的位置看乡村。21 世纪以来，随着城市化的快速推进，国内出现一股以西方城市化为参照系的单极化城市思潮。这种思潮认为中国未来现代化的目标就是城市化，相对应的乡村未来的命运就是在大规模的城市化中走向终结。中央从"十八大"提出城乡融合的城市化战略，到"十九大"提出乡村振兴战略，就是要从根本上矫正这种西化思路的城市化。但是到目前为止，这种思潮的力量仍然很大。在认定乡村不能搞教育的背后，就是认为乡村是一个愚昧落后的地方，在城市化浪潮中乡村最终要退出历史舞台。

所以，撤点并校背后都是为未来撤并乡村做铺垫。教育是中国千年乡村文明的魂，没有了教育的乡村，一定会慢慢走向衰亡。如果对"十八大"以来中央出台的一系列走中国特色的城市化战略不清楚，仍然滞留在原有的城市化思路上，就会陷入乡村不需要搞教育、乡村不能搞教育的困境，就会偷梁换柱，以所谓的乡村教育改革之名，行让乡村消亡之实。

认为乡村不能搞教育是仍然停留在几十年来的应试教育所形成的"做事教育"思维看乡村。乡村教育问题不是孤立的，乡村教育凸显了当代中国教育的问题。目前形成的教育模式起始于近代以来对西方现代化的追赶，定型于改革开放的 40 年间。这个教育模式的最大特点就是将所有的教育资源集聚在"做事教育"上，使整个社会从儿童开始就陷入考最好的大学、找最好的工作的焦虑困境之中。高度重视教育的中华民族十分注重做人教育（做人教育的黄金窗口期是 0 岁到 15 岁），先做人后做事一直是中国传统教育遵循的理念。从新中国成立到改革开放前，这种教育理念也没有变过。改革开放以来，在追赶西方现代化中形成的教育体系的最大弊端就是：一是服务经济增长的急功近利的应试教育导致做人教育严重缺失；二是追赶西方现代化导致中国传统文化在教育中严重缺位。在这样的教育理念支撑的教育模式中，乡村自然会被认定为是个不能搞教育的地方。

做人教育的缺失，严重走偏的西化教育，早已引起了中央和国家教育部门的高度重视。进入 21 世纪以来，针对如何开展做人教育，教育部门在全国推动了各种各样的素质教育。特别是"十八大"以来，习近平总书记更是高度重视以德育人的问题。习近平总书记在全国教育大会上发表的重要讲话中明确提出了"教育是国之大计、党之大计，教育的根本任务是立德树人"。"立德树人"是习近平总书记为中国迈向新时代的教育改革提出的新目标、新使命。

乡村确实不具有做实教育的资源优势，更不具备满足西化教育的条件。按照这种教育理念看乡村，乡村确实是一个不仅不能搞教育，也是没有必要搞教育的地方。但是按照"十八大"以来中央提出的新教育方针，乡村恰恰具有满足习近平总书记提出的立德树人教育的独特优势。乡村恰恰承担着矫正西化教育，回归于修复中华文明之根的教育使命。按照迈向新时代的教育改革，乡村不是不能搞教育，而是乡村必须搞教育。乡村作为中华五千年文明基因的携带者，作为中华文明之根，是 21 世纪中华民族伟大复兴的根和魂。乡村蕴含着中华民族走向未来的源动力，蕴藏着迈向新时代所需要的新文化、新哲学、新动能。民族要复兴，乡村必振兴，乡村振兴恰恰必须从振兴乡村教育开始。

## 三、小规模学校是低效率、落后的教育吗?

乡村学校人数少，是撤点并校的另一个原因。这个问题一直是教育界有争议的问题。乡村的小规模学校和小农经济一样，一直是被以现代化思维、按照规模效益理论否定的对象。在 21 世纪教育研究院等教育界专家的努力下，小规模学校得到了教育管理部门的肯定。2018 年国务院印发《关于全面加强乡村小规模学校和乡镇寄宿制学校建设的指导意见》，意见明确规定，农村学校布局既要有利于为学生提供公平、有质量的教育，又要尊重未成年人的身心发展规律、方便学生就近入学；既要防止过急、过快撤并学校导致学生过于集中，又要避免出现新的"空心校"。而且还提出，为适应一些乡村小规模学校教师包班、复式教学需要，注重培养一批职业精神牢固、学科知识全面、专业基础扎实、"一专多能"的乡村教师。

就像中央文件也明确肯定中国乡村的小规模家庭农场是乡村经济发展的主体，但在现实实施的过程中，许多地方政府还是按捺不住，引入资本要搞大规模农业来替代小农经济一样，在一部分人的心目中，也总是接受不了小规模学校，认为它们就像小农经济一样，不能实现高度分工产生的规模化效率，是一种低效率、落后的教育方式。这是一种典型的将经济学规模收益理论错搬到教育上的做法。

乡村教育所承担的主要是从幼儿园到小学的基础教育，这个时期是奠定孩子生命基础的做人教育的关键时期。对于这个时期的儿童，具有温度的亲情和仁爱滋养是比知识等其他东西更重要的教育。这个时期的儿童对父母和家庭还有强烈的依恋感，这个时期必须有父母陪伴，才能符合儿童生命成长的需要和规律，这也正是许多教育专家极力反对寄宿学校的原因所在。这个时期的儿童所需要的温度与仁爱的学校教育是准家庭教育，这种准家庭教育一定不是大规模学校，而是小而优的小规模学校。因为，只有 15 到 20 人的小班才有可能让老师的情感顾及到每一个孩子，这样的教育才符合儿童时期心理和生命成长的需要。

如果学生数量增加到一定程度，像目前许多 50～80 人的大班，为了保持起码的教育秩序，老师对学生的管理自然会倾向从情感关照转向理性控制。再加上目前应试考试的压力，老师的教育就更容易偏向类似"兵营式"的高压管理模式。我们应该知道，这个时期的孩子含苞待放，最需要的是美好的仁爱之心的呵护，而我们却对他们采取了百炼成钢的兵营式管理，甚至竭泽而渔的应试压榨，这种追求大规模的错误理念正是导致目前形成大量青少年心理疾病的深层原因之一。英国《经济学人》的统计数据表明，中国青少年自杀率高居全球第一。世界卫生组织在 2005 年的一项调查显示，在中国，15~19 岁人群的自杀率为十万之四。在国内，北医儿童发展中心发布的《中国儿童自杀报告》显示，每年约有 10 万青少年死于自杀，每分钟就有 2 个孩子死于自杀，8 个自杀未遂。

从大方面讲，教育可以分为两大类，做人的教育和做事的教育。做人教育的黄金时间是 0 岁到性成熟之前的 16 岁。这个时期不仅需要准家庭的小班教育，也需要让大、中、小孩子能够在一起的混合班教育。不同年龄的混合教育就是模拟的一个小社会，可以让儿童在这样的环境中，完成社会化的成长，特别是一孩家庭长大的孩子更需要这样的混合班教育。这样的教育所需要的老师是一专多能，而不是高度分科。按照社会分工的专业教育、规模化教育对于大学是有效率的教育，但做人的基础教育所需要的恰恰是小而优的综合教育。

目前我们在教育理念和管理上陷入的误区恰恰忽视了儿童生命成长周期的规律，按照大学教育的模式设计了从儿童到青少年时期的基础教育，追求做大做强。另一方面，中小学教育分科化使教师变成一个流水线式枯燥无味的职业。一个小学老师，按照分科要求，一辈子只教一百以内的加减乘除，使原本传道授业的神圣职业变成了枯燥无味、缺乏进取动力的职业。如果让基础教育回归到满足全面发展的做人教育，使老师一专多能，那么基础教育的老师就会变成让生命发光的园丁。

总之，按照青少年生命成长的规律，乡村的小规模学校恰恰是应该鼓励、在改革中完善的教育，而不应该成为撤并的理由。

### 四、撤并村校能够解决城乡的教育不公平吗？

力推撤并乡村学校的主政思路，有一个非常重要的理由，就是撤并乡村学校是为了解决城乡教育的不公平问题。

通过撤并真的能够解决城乡教育的不公平吗？对于这个问题，2000 年至 2010 年持续 10 年的撤并已经给出了答案。无论是许多专家学者的跟踪研究，还是国家审计署的公告、教育部和国务院办公厅颁发的文件，都得出了同样的结论，大规模撤并村校在提升了城镇化率、刺激了城镇的消费和房地产市场之外，给农民孩子带来的是"上学远、上学难、上学贵"等问题。

乡村学校大撤并使改革背离了"减轻农民负担"的初衷，至少是加重了低收入农民的负担。21 世纪教育研究院 2012 年开展的 10 省区抽样调查显示，农村初中生的人均年教育支出达到 1912 元。国家审计署的公告也指出"部分学生家庭教育支出负担加重"，比如，受访的 7 万多名乘车就学的走读生年均交通费支出达 839 元，近 20 万名校内寄宿生年均食宿费支出达 1658 元，3 万多名校外租房、家长陪读的学生年均费用支出为 8046 元（占其整个家庭年均收入的 36%）。

除了撤并之外，难道就没有解决城乡教育公平的出路吗？在撤并思路的背后，不是一个单纯的认识问题，而是一个立场和态度问题。我们认为，这种解决教育公平的出发点，并不是真正为了解决教育公平，而是打着解决教育公平的幌子，为城市化服务，为房地产业服务。农民进城带来教育的高成本、高代价，如此简单的问题，难道需要很深刻的洞察力、很高智商才能认识到吗？其实根本不是，搞撤点并校的主政者看中的恰恰是这种撤并学校背后带来的高成本、高代价。

从这个角度看，以撤并村校解决教育公平的思路，是一种人民立场缺位，以城市化思维、资本思维、懒政思维解决问题的思路；这是一种把解决公平的成本甩给农民，自己获得政绩的不负责任、"一刀切"的惰政思路。不可否认，解决城乡教育公平是个难题，但并不是不能解决。要解决这个问题最需要的不是技巧，而是立场和态度。这个立场就是要真正站在农民的一边，特别是那些贫困家庭农民的一边。如果你站在城市一端，内心认为乡村要消亡；你站在房地产一边，看到的是商业利益，从一开始就站错了位，怎么能够思考与解决城乡教育的不公平问题。

只要我们把立场调整过来，就会看到解决乡村教育的各种探索在全国各地已经大量存在，只是因为立场问题，对此视而不见。目前全国各地已经出现了许多让乡村教育重新焕发生机的改革探索。这些做法既有一个学校、一个乡村、也有一个县的典型经验。正在力推撤并村校的山西就有不少就地搞好乡村教育的典范。在多家公益机构的支持下，由北京一批专家教授探索的"让教育回村、让乡村成为儿童乐园"的教育实验，就取得了显著的成果。按照儿童全生命成长规律的"亲情、亲乡土、亲自然"的"三亲"启蒙教育取得了重大突破。近三年来，山西上党区关头村的"三亲"教育吸引了来自太原、长治周边区县，全国其他省市如北京、上海、沈阳、河北、山东、河南、广东、广西、湖北等地 31 名学生，学生家长在关头村租住民居，边陪孩子读书，边以"新村民"的身份参与生态、幸福社区的建设，关头村成为他们稳定的第二故乡，陪读的家长组成社区，开展了各类手工业，使关头村开始走上教育振兴乡村的路子。

在 2017 年，大同市的邢庄学校的小学只有 3 个孩子、4 个老师，但在邢庄村村委支持和一位有事业心的校长的努力下，这个最初只有 3 个孩子的学校已经发展到有 110 多个学生、25 个老师，服务周围七八个村庄。

四川的阆中县是一个国家级贫困县，也是一个依靠改革让乡村教育焕发生机的典型。他们不认为乡村不能搞教育，启动了让乡土智慧点亮校园的乡村教育改革，被《中国教育报》《中国教师报》多次报道。

总之，解决乡村教育公平问题，不是没有出路，而是缺乏人民教育的立场；解决乡村教育公平问题，不是没有经验和典型，而是因为站错了位，对乡村的价值视而不见。乡村教育改革最需要的不是钱，而是对乡村命运的关怀、对乡村教育的责任和对农民的情感。

## 五、乡村振兴是否需要教育先行？

目前在实施乡村振兴战略中，热点和重点都集中在乡村产业兴旺上，认为这是乡村振兴最需要解决的问题，几乎很少讨论乡村教育振兴的问题。但是如果把乡村振兴与乡村教育联系在一起思考，就会发现，乡村教育振兴不仅比产业兴旺更重要，而且是其他五个方面振兴的大前提。在 2020 年的农村工作会议上，习近平主席提出了"民族要复兴，乡村必振兴"。按照习主席赋予乡村振兴的使命，乡土文化复兴在乡村振兴中占据着非常重要的地位。因为中华五千年文明的根子在乡村，所以中华民族伟大复兴必须是乡村振兴的复兴。从这个意义上看，只有千年乡土文化复兴的乡村、教育振兴的乡村才能担当起时代赋予乡村的使命。从这个大背景出发，我们看到的乡村不是可不可以搞教育，而是乡村振兴必须搞教育，而且应该放在比产业兴旺更重要的地位来对待。

乡村振兴排在第一位的应该是乡村教育的振兴。压倒乡村的最后一根稻草是撤点并校，乡村复活的最终标志也是教育回村。没有教育的乡村是没有未来和希望的乡村。有村就要有学校，应该成为乡村的必配。只有老年人的乡村其实并不可怕，因为乡村是适合低成本养老和颐养天年的地方，真正可怕的是没有儿童的乡村。一个没有儿童教育的乡村，也就意味着从儿童开始就隔离了他们与乡村的情感联系。一个与乡村没有情感联系的儿童不可能热爱生养他的乡村。没有儿童教育的乡村，是一个乡土文明传承断代的乡村，无论乡村经济将来如何兴旺，也是一个没有未来和希望的乡村。

缺失乡村教育的中国人是没有故乡的中国人。任何一个中国人倒推三代都是农民。中国人的精神故乡和血脉之源在乡村。乡村教育是让每一个中国人与祖先和故乡联结起来的乡土教育，包含着 21 世纪每个中国人都必须回答的"我是谁""从哪里来""到哪里去"的答案。抛弃这样的教育，我们将成为没有故乡的游子。

缺少乡村教育的中国教育是无根的教育。中国自古以来就有"耕读传家远，诗书继世长"的文化传统，没有乡村教育的传承意味着中华五千年文明将面临断根的危机。

缺少教育的乡村不叫乡村，叫农场。没有教育的乡村不是真正意义上的乡村，而是只有经济功能的西方式的农场乡村。真正意义上的中国乡村是耕读乡村，其中"耕"解决物质生计问题，"读"解决文化传承和教育问题。真正的中国乡村是有老人儿童、有鸡鸣狗吠、有历史、有故事、有文化的乡村，而让乡村拥有这些活力的东西是来自乡村教育带来的儿童的读书声。

乡村是中华民族共同的精神家园，蕴含着每一个中国人都需要回答的"我是谁""从哪里来""到哪里去"等问题。从这个角度看，能够让我们重返乡村之路和共建精神家园的途径就是教育；从这个意义看，乡村振兴成功的最终标志是让教育回村。只有让教育回村的乡村才能承担起习近平总书记所赋予和期望的"民族兴，乡村必振兴"的历史重任。

［张孝德系湖南师范大学中国乡村振兴研究院专家委员、中共中央党校（国家行政学院）社会和生态文明教研部教授；萧淑贞系北京师范大学社会发展与公共政策学院副教授］

# 农民有根深蒂固的财富冲动

⊙ 何兰生

中国农民一辈子都在追求财富、寻找发财机会、不放过各种便宜，这是他们朴素的经济理性。在漫长的农耕时代，每一个农民都有"三十亩地一头牛"的梦想，都有买地当财主的憧憬。子孙无论是读书进学，还是经商发财，也无论是入仕致仕，在家乡盖房、买地，都是人生成就、家族荣耀的必选题。时至如今，这种经济理性，已经渗透到人们的日常生活之中，成为文明的一种惯性。

曾经看农民在田埂的较宽处向下挖出一块巴掌地，种下一两棵菜蔬；也曾在乡间小路边缘塌下的部分，看农民略作平整种下几棵瓜苗；甚至在久未开发的工地，看见有市民锄出了一畦畦菜地，用塑料桶从家里打自来水来浇菜；还看新闻说，中国父母去美国陪读，竟然在耶鲁大学校园的空地种上了菜，成了耶鲁的一景。对农民来说，这样做可能是为了瓜菜的收获，对市民和耶鲁的陪读父母来说，很难说是为了省下买菜的钱。它更有可能是一种文化习惯，是从根上带来的，不在于经济得失，而在于中国文化看不得资源被白白浪费，再小的资源也想着把它用起来。荒废的一小块土地、可以利用的小小空间，都可以成为发财的契机，最不济也能贴补一点生活。这就是中国人的集体心理和中国文明的习惯。

就像一个农夫"一个鸡蛋的白日梦"一样。农夫手里拿着一个鸡蛋，一边走一边做着白日梦，他幻想着把这个鸡蛋孵出小鸡，小鸡长大了再下蛋，如此蛋生鸡、鸡生蛋，自己就有了大型养鸡场，养鸡致富了再买房子置地成为富豪，最后还娶了公主。农夫正沉浸在自己的白日梦之中，却被路上的一块石头绊了一跤，农夫手里的鸡蛋摔碎了，富豪梦想也破碎了。这个寓言虽然是嘲笑农夫的白日做梦、痴心妄想，但也折射了两个信息：一是农民对财富的强烈冲动，这冲动几乎与欲望的冲动相类似；二是实现这种冲动，得通过"蛋生鸡、鸡生蛋"的踏踏实实和一步一个脚印的勤劳。这正是获得财富的健康途径。

只要给中国农民一个和平稳定的社会，只要勤劳致富不被社会打压，哪怕只要不禁止，中国农民都会把"一个鸡蛋的白日梦"做得如醉如痴，一辈子都在不同程度地朝着这一梦想前进。中国历史上的每一个盛世，都出现在天下承平之时，社会的主要矛盾集中到如何过上更好的生活上，各个阶层都在做着自己的"白日梦"。这"白日梦"在不同阶层可能诉求有别，但在让下一代比自己过得更好这一点上，是一致的。众多的"白日梦"，有的实现了，有的没实现，还有的打了折扣，但汇集在一起，就成了盛世。

中国历史上虽然有重农抑商的传统，但抑商主要体现在贬抑商人的社会地位上，对商业本身还是很宽松的。历史上除了对盐铁实行公营、非许禁入外，所有行业都对私人开放，汉初甚至连铸币都可以私营，当时的首富邓通，就是在四川开采铜矿、铸铜钱发财的。能不能这样说，重农抑商是一个硬币的两面，农与商相辅相成、相克相生，重农让农业休养生息，但农业发展后，商业就不可阻挡地繁荣起来；商业过度发展冲击农业，重农又成了当务之急。如此循环周流，就形成经济社会发展的一个个小周期。从另一个角度来看，一定是先有问题，后有应对和解决问题的理论。中国历史上之所以一再强调重农抑商，一定是针对商业繁荣对农业的冲击，一定是基于对中国人根深蒂固的商业和财富冲动的深刻洞察。

还是那句话，只要给农民以时间，给农民一个和平稳定的生存环境，农民一定会给你一个财富的传奇。这传奇可以在茶马古道的马蹄声中听到，在汴梁城勾栏瓦肆的市声中听到，在江南小镇织工的机杼声中听到。在今天，勤劳致富成为社会主流价值，我们在苏锡常乡镇企业的工厂里，见证了中国农民的创富能力；也在温州农民"鸡毛飞上天"的作坊里，看到商业奇迹的丛生蜂起；我们当然还可以在快递业这"通"那"通"的家族故事中，品鉴中国农民财富聚集的声势。

中国农民用他们强烈的发财动力和锲而不舍的创富能力证明了，只要给他一滴水，他就可以反射太阳的光辉；只要给他一个杠杆，他可以撬起财富的地球。这是中国农耕文明最深层的力量，也是中国总是能站起来的根本力量。正是这力量，养育了中国人生生不息、永不言弃的丹田真气，守护了中华文明渡尽劫波、凛然不惧的浩然之气，也在今天激荡着中国崛起不可阻挡的虎虎生气。

（作者系农民日报社党委书记、社长、总编辑）

# 乡村教育要放到城乡融合背景下统筹布局

⊙ 方明

乡村振兴一定要全面系统地去思考，乡村教育需要放到城乡融合背景下统筹布局，要以人的分布配置教育。

乡村是不断演变和发展的。村庄不是从来就有的，从原始聚居到逐步形成，繁衍生长发展，增长数量大概在 2000 年年初时达到最多，未来会大量减少，但不是全部消失，一些乡村（不一定是村庄）也将长久存在。在全面实施乡村振兴战略的当下，把握村庄发展的历史规律，将为乡村振兴提供文化滋养和智慧支持。

要以人的分布配置教育。教育是服务于人的，哪里有人哪里就需要教育，不能简单以行政单位作为判断。"文革"时期，我的母亲因家庭出身原因，被迫到湖南省凤凰县边远的小山村教书。我随母亲到乡村住过一段时间，有机会真正体验到乡村的快乐和艰苦、村民的朴实和真诚。前些年带着高龄的母亲，再次回到当年教书的乡村，想为乡村和学校做点事，打口井或捐个图书室，结果发现两个村庄都已经搬到离公路比较近的地方了，村里年轻人或中年人大部分都离开了，学校也早已经没有了，让我们有心而无处施力，留下了深深的遗憾。回京后，时常反思：作为长期从事乡村建设的研究人员，我也非常反对十几年前开展的教育城镇化，认为不应该把具有公共属性的教育作为产业产品。

乡村的未来会是怎样？我们的确应该思考乡村的未来和价值，城乡到底是怎样的一个格局？大城小乡还是城乡均衡？经济发展导向和均衡安全格局应该如何兼顾？无论是乡村振兴还是更高的社会综合全面发展，都需要系统全面地思考，不能再用简单的城乡二元思维考虑问题，城乡融合是对城镇化和乡村振兴关系的最新诠释。近10年来，城镇化进一步加速，城乡发生了巨变，中国已经从乡土中国发展到城乡中国，到了今天以城市为主导的城乡格局。

乡村教育需要放到城乡融合背景下系统考虑。城市和乡村就像一个人体，城市为头，乡村为手脚，或者反过来说也可以，但是都不应割裂对待，所谓头痛医头、脚痛医脚是不行的。城市历经了从小城市、中等城市、大城市到城市群、城市带的不断壮大发展过程，乡村也将历经从繁衍发展到萎缩衰败再到乡村圈、乡村带的发展过程。逆城市化所形成的未来乡村不再是传统意义上的城镇村格局。国家级的乡村振兴战略规划，首先提出要构建乡村振兴的新格局，然后谈的是乡村的产业、生态环境、公共服务设施、文化和乡村治理等。国家发改委制定的乡村振兴战略规划应该说是最有高度和最系统全面的，乡村教育无论是作为公共服务设施还是就其所具有的文化属性、社会属性而言，都是至关重要的，但仍需系统考虑，不要简单将其凌驾于其他之上。

今年上半年去了怒江州，发现当地的做法是把大量生活在深山中的孩子们搬到县城里来，长期居住和学习，我在调研中也从乡村教育、少数民族文化传承等多个角度进行了思考，这样做是否正确？当地同志们的解释是：如果不搬下来会永远贫穷，因为传统文化就是原始的部落文化，永远不能现代化等，这样的思路和方式也是当前解决问题的主流，我认为大方向是正确的。当然，我们也需要系统考虑进城后的乡村孩子的传统文化教育和有条件留下来的孩子们的教育问题。所以一个深刻的体会就是凡事都要深入调研，都要针对研究，不能简单一拍脑瓜子做出判断。

要科学正确地预判乡村的价值。近30多年来，新建了大量农村住宅，这些农村住宅建设得非常漂亮，规模也很大，但是平常只有老人居住，只有过年的时候才使用，平时还要花钱维修，造成了大量的闲置。这种没有超前谋划的政策导致农民把几十年打工的钱建了一大堆负资产的房子，如果当初政策超前的话，房子建在镇里或者城边上，现在就是正资产了。

近几年，很多乡村都开展民宿，形成了一股民宿热，近两年由于民宿过剩导致大量赔本、关张。总体来看，凡是拿自己房子开民宿的，基本不会赔钱；凡是拿别人房子或场地开乡村奢野酒店的，都有巨大风险。后者基本上都会赔钱的。不符合经济学的一般规律。

现在这种民宿大都会失败，误导了很多有情怀的人，但是对于乡村还是有意义的，他们带来了先进的理念，带来了资金，带来了活力，用情怀反哺了乡村。当然也有一些投机者铩羽而归。乡村不是一个可以投资的地方，任何带着投机心理的人注定会失败。

农家乐挺好的，它才是真正意义上的一种民宿尝试。用自己已经建好的房子，用自己便宜的劳动力和农产品，挣一点辛苦钱，才是符合城乡规律的。

乡村是城市人的后花园，但是只有城市郊区、交通干道两侧、文旅资源丰富的地方才可能成为后花园。大概只有不到 10% 的乡村。

（作者系湖南师范大学中国乡村振兴研究院专家委员、中国城市科学规划设计研究院院长）

# 贯穿于百年党史的三农主线

⊙ 陈文胜

纵观党的百年发展史，农业、农村、农民问题始终是关系党和国家前途命运的根本性问题。中国共产党自成立以后就始终把农村作为开展革命、建设、改革事业的根基，带领亿万农民开创了一条史无前例、具有中国特色的社会主义农村发展道路。习近平总书记就明确指出，要坚持用大历史观来看待农业、农村、农民问题，只有深刻理解了"三农"问题，才能更好理解我们这个党、这个国家、这个民族。农村工作一直是贯穿于各个时期的一条历史主线，回顾百年党的农村工作史，从中就能更好地把握第二个百年奋斗目标的时代发展主题，更好地汲取接续推进乡村振兴的智慧力量。

## 坚持把为农民谋幸福作为贯穿始终的基本问题

在中国这样一个农民长期占人口绝大多数的历史悠久的农业国家，如何进行中国革命和社会主义的现代化建设成为中国共产党自成立以来所要面对的首要问题，也是马克思主义发展史上前所未有的全新命题。中国共产党自成立以来，就把依靠农民、为亿万农民谋幸福作为党的责任使命。毛泽东就深刻认识到，"中国的革命实质上是农民革命"，"农民问题，就成了中国革命的基本问题，农民的力量，是中国革命的主要力量"，因此在延安的窑洞里就预言："谁赢得了农民，谁就会赢得中国；谁能解决土地问题，谁就会赢得农民。"正是中国共产党领导开展的土地革命，在中国历史上首次实现了耕者有其田的梦想，赢得了最广大农民的真心拥护和支持，实践印证了"江山是人民，人民就是江山"的历史规律，从而开辟了以农村包围城市的革命道路。陈毅元帅曾深情地感叹，淮海战役的胜利就是农民用小车推出来的。可以说，没有广大农民的真心拥护和支持，就难以取得中国革命的胜利。新中国成立后，进行了农村社会主义集体化以实现农民共同富裕的艰辛探索。

党的十一届三中全会推进的农村改革拉开了改革开放大幕，其中最基本的经验就是尊重农民的首创精神，不断给予农民更多的生产自主权，让农民自己干出一条新路来。邓小平就特别指出："农村搞家庭联产承包，这个发明权是农民的。农村改革中的好多东西，都是基层创造出来，我们把它拿来加工提高作为全国的指导。"无论是安徽小岗村的"大包干"，还是广西合寨村的"村委会"选举，或是华西村乡镇企业，正是把权力下放给农村基层和农民，推动了农村经济社会发展的一次又一次变革。

从历史的新方位出发，习近平总书记提出了"小康不小康，关键看老乡"的全新判断，来突出农民在全面建成小康社会中的主要地位。随着农民的绝对贫困问题首次得到历史性解决，中国社会进入了全面推进乡村振兴的新发展阶段，农民问题依然是实现第二个一百年奋斗目标的头等难题。习近平总书记多次强调要坚持农民主体地位，明确要求要尊重广大农民意愿，激发广大农民积极性、主动性、创造性，激活乡村振兴内生动力，让广大农民在乡村振兴中有更多获得感、幸福感、安全感。因此，必须把"以人民为中心"这一最具基础性、广泛性的新发展理念落实到乡村振兴的农民主体地位上来，从而全面解放农村生产力中的"人"这个最具有决定性的力量和最活跃的因素，最大限度地激发农民的主体作用，激发乡村的内在活力，实现农民富裕、富足。

对湖南而言，一方面，自上世纪80年代末期以来农民收入就一直低于全国平均水平，需要以农民增收为核心建立农村改革的赋能政策体系，实现农民富裕、富足。另一方面，需要把"以人民为中心"这一最具基础性、广泛性的新发展理念落实到乡村振兴的农民主体地位上来，保障和支持农民在乡村社会当家作主，确保公共产品与公共服务的供给服从农民需要、交由农民决定，使"江山就是人民，人民就是江山"直接体现到农村基层政治生活和社会生活之中，全面解放农村生产力中的"人"这个最具有决定性的力量和最活跃的因素，激活乡村振兴的内生动力，在农村高效能治理上展现湖南的新作为。

## 坚持把巩固农业基础地位作为贯穿始终的战略底线

马克思早就说过："超过劳动者个人需要的农业劳动生产率，是一切社会的基础。"而人多地少的小农大国国情决定了农业基础地位在中国要远比世界上其他任何国家具有更为重要的战略地位。党在抗日战争时期已经认识到农业发展对于夺取革命胜利的重要性，开展了"自己动手，丰衣足食"的大生产运动。在新中国成立后，毛泽东提出了"以农业为基础"的方针，亲自主持制定了农业发展纲要，提出"以粮为纲，全面发展"，中共中央发出文件强调了"农业是国民经济的基础，粮食是基础的基础"，形成了全党在农业是国民经济的基础这个问题上的基本共识。

改革开放后邓小平就明确提出，农业的发展是整个国民经济的关键，必须把农业作为实现现代化的战略重点，"不管天下发生什么事，只要人民吃饱肚子，一切就好办了"。因此，党的十五大强调"坚持把农业放在经济工作的首位"，明确工业化、城镇化越发展，越要加强农业基础地位。到2003年召开的中央农村工作会议，首次提出"把解决好农业、农村和农民问题作为全党工作的重中之重"，标志着农业的基础地位成为贯穿于整个新世纪的中国现代化战略底线。也正是由于从根本上解决了"谁来养活中国"的问题，才有了今天跟美国这个世界上头号强国平等对话的资格和底气。

党的十八大以来，党中央坚持把解决好吃饭的问题作为治国理政的头等大事，以推进农业供给侧结构性改革为主线，持续释放出重农强农的强烈信号。习近平反复强调，作为有十三亿人之多的全球人口大国，"解决好吃饭问题始终是治国理政的头等大事"，并提出，农业主要矛盾已经由总量不足转变为结构性矛盾，"推进农业供给侧结构性改革，提高农业综合效益和竞争力，是当前和今后一个时期我国农业政策改革和完善的主要方向。"这是应对中国农业发展进入了新历史阶段的一个重大科学判断。在向第二个百年奋斗目标迈进的历史关口，习近平指出，历史和现实都告诉我们，农为邦本，本固邦宁。从世界百年未有之大变局看，农业基础地位的这种强国民生存之根、固国家经济之本、增国际竞争之力的战略作用更加突出，农业的国民经济基础地位更加不可动摇。在迈向第二个百年奋斗目标的历史关口，农业作为中国现代化的战略后院和安天下的战略产业，也必将持续发挥应变局、开新局的压舱石作用。因此，要把深化农业供给侧结构性改革作为实施乡村振兴战略首要任务，实现农业高质、高效发展。

对湖南而言，要把深化农业供给侧结构性改革作为实施乡村振兴战略首要任务，打造以精细农业为特色的优质农产品生产高地，需要在生产环节提高农产品品种质量，在加工环节提升农产品市场价值，在销售环节畅通农产品流通渠道，在农业高质量发展上迈出湖南的新步伐。

## 坚持把处理好工农城乡关系作为贯彻始终的工作主线

正确认识和处理好工农城乡关系，始终是中国革命和现代化的时代主题与主线。在新民主主义革命时期，巩固工农联盟是党取得革命胜利的基本经验。毛泽东就指出，为了革命战争的胜利，必须巩固工人和农民的联盟，巩固工农民主专政。中华苏维埃第一次全国代表大会通过的《宪法大纲》规定："中国苏维埃政权所建设的是工人和农民的民主专政的国家。"新中国成立后，"工人阶级领导的、以工农联盟为基础的人民民主专政"就成为了社会主义中国的根本政治制度。在《论十大关系》中毛泽东强调"工农业并举"，提出了"以农业为基础、以工业为主导"的"中国式工业化道路"。这就深化了关于社会主义工业化道路在中国的探索，是社会主义工农城乡关系的理论新突破。

党的十一届三中全会召开后，改革首先指向了最贫困的农村，主要是全面调整工农城乡关系，其中最大的突破是取消统购统销，允许农民进城，从而打开了隔离城乡流动的闸门。党的十六大正式提出统筹城乡经济社会发展的基本方略，十六届三中全会首次提出了"建立有利于逐步改变城乡二元结构的体制"，十六届四中全会提出"两个趋向"的重大历史论断，明确了中国社会已经进入"工业反哺农业、城市支持农村"的发展阶段，标志着中国工农城乡关系的历史转轨。十六届五中全会提出"建设社会主义新农村"的战略构想，开启了城乡基本公共服务均等化的历史进程，特别是随着农业税的取消，宣告了延续两千多年以农养政、以农补工、以乡补城的"皇粮国税"历史正式终结，成为中国工农城乡关系发展史上的伟大里程碑。十七大首次提出"城乡一体化"，明确要求建立以工促农、以城带乡的长效机制，这是党的历史上第一次对构建什么样的工农城乡关系有了一个更加具体的目标和任务。

基于对现代化发展到一定阶段的工农城乡关系的深刻认识和准确把握，党的十八大提出"城乡一体化"目标下的工农城乡关系是"以工促农、以城带乡、工农互惠、城乡一体"。习近平在十八届三中全会上进一步提出"城乡二元结构是制约城乡发展一体化的主要障碍"，党的十九大报告首次提出实施乡村振兴战略，明确提出农业农村优先发展和城乡融合发展，实现了从优先满足工业化和城镇化到优先满足农业农村发展的又一个工农城乡关系历史转轨。2018年中央一号文件首次提出加快形成的新型工农城乡关系是"工农互促、城乡互补、全面融合、共同繁荣"。这是对中国现代化进程中的社会发展趋势与工农城乡关系作出的一个划时代的战略判断，从而回答了要建立什么样的新时代中国特色社会主义的工农城乡关系与怎样建立新时代中国特色社会主义的工农城乡关系，标志着中国社会发展正在向现代化更高级阶段演进。

随着"三农"工作重心的历史性转移，习近平提出，"必须看到，全面建设社会主义现代化国家，实现中华民族伟大复兴，最艰巨、最繁重的任务依然在农村，最广泛、最深厚的基础依然在农村。"因此，2021年中央一号文件又进一步明确提出"民族要复兴，乡村必振兴"这样一个时代主题。在面向全面现代化的进程中，需要以改革为动力进一步破解城乡二元结构，推进城乡融合发展，构建农业农村现代化的新发展格局。

对湖南而言，在面向全面现代化的进程中，需要以深化改革为动力，全面建立健全城乡收入分配体系、乡村服务体系、城乡人居分布体系、乡村社会保障体系，从而进一步破解城乡二元结构，让广大农民共享更加广泛和公正的城乡权益，让全社会在乡村振兴的共同行动中共享乡村振兴的成果，使乡村振兴的"同心圆"成为优化资源要素与集聚社会力量的转换器，在构建农业农村现代化新发展格局上谱写湖南的新篇章。

（作者系湖南师范大学中国乡村振兴研究院院长、博士生导师。本文是作者在湖南省庆祝中国共产党成立100周年理论研讨会上的发言原稿，原题为《从党的百年农村工作史中汲取推进乡村振兴的智慧力量》）

# 不断创新农民丰收节

⊙ 张英洪　王丽红

经党中央批准、国务院批复，自 2018 年起，每年的农历秋分设立为中国农民丰收节。设立和举办农民丰收节，是传承发展中华优秀传统文化的重大举措，是实施乡村振兴战略推动农业全面升级、农村全面进步、农民全面发展的有效途径。为了更好地办好农民丰收节活动，需要进一步丰富农民丰收节的内容和形式，推动农民丰收节庆化风成俗，实现中华优秀传统文化的创造性转换、创新性发展，为塑造和形成新的中华文明贡献力量。

## 一、更加发挥农民的主体地位

在农民丰收节庆活动中充分发挥农民的主体地位，增强农民参与丰收节庆活动的主动性、积极性、创造性，一是要坚持政府主导与农民主体的双重功能和价值导向。政府的主导作用体现在发展引领、政策支持、制度规范、环境营造、平台提供、服务保障等方面，农民的主体作用体现在农民组织健全、农民决策民主、农民意愿自主、农民参与积极等方面，同时要激活社会力量的积极参与。二是要构建"1+N"的丰收节庆活动新格局。"1"是国家层面组织实施的丰收节庆活动，"N"是各级地方层面以及广大农民群众自主组织举办的丰收节庆活动。三是要建立健全农民组织和其他涉农社会组织。一方面要充分发挥农村党支部、村委会、集体经济组织、农民专业合作社等已有农民组织在组织农民参加丰收节庆活动中的重要作用，另一方面也要适应现代社会转型发展需要，允许、鼓励和规范新型综合性农民组织以及其他涉农社会组织的建立和发展。

## 二、更加强化农业的基础地位

在农民丰收节庆活动中，一是要进一步强化全社会对农业基础地位的认识，凸显农业在国家安全和社会稳定上的基础性、战略性地位。二是要切实改变以GDP指标来衡量和评价农业价值的观念和做法。我们通过农民丰收节庆活动，要使人们重新认识和评价农业的价值，不能再简单地以GDP数量和占比来衡量农业的价值，因为农业的多功能价值和极端重要性，无法通过GDP的数据来衡量和体现。三是要超越现代化学农业，发展现代生态农业，实现质量兴农。我们要通过丰收文化的传播，深化农业供给侧结构性改革，推进农业高质量发展，引导人们超越现代化学农业，走现代生态农业之路，鼓励农民转变生产方式，推动更多的农民自觉从事生态、有机、绿色农业的生产，成为优质安全农产品的提供者，既保障粮食的数量安全，又保障粮食的质量安全，真正实现质量兴农。

## 三、更加重视乡村的文明价值

在农民丰收节庆活动中，要将传播和体现乡村价值作为重要内容。一是要展示和挖掘乡村的文明价值。随着工业化、城市化的推进，特别是随着城市病的暴发，乡村独特而巨大的价值开始为人们所认识、认可和认同。通过举办农民丰收节庆活动，充分展示乡村文明的魅力和价值，既使市民充满对乡村的向往，也使农民增强对乡村的自信。二是要正确实施乡村振兴战略，建设美丽健康生态宜居乡村。必须防止以建设乡村之名行破坏乡村之实，决不能简单地以工业思维建设农业、以城市思维对待乡村、以市民思维要求农民，坚决制止违背农民意愿的强征农民土地、强拆农民住宅、逼迫农民上楼等严重损害农民权益的行为。三是要加强传统村落的有效保护和合理利用。要以乡村美学的眼光看待乡村，以乡村艺术化的心灵建设乡村，将传统村落作为乡村文化印迹、乡村文化符号加以珍视、保护和利用，作为农民的居住权利和财产权利予以尊重、敬畏和保障。

## 四、更加彰显劳动的创造之美

在农民丰收节庆活动中，一是要通过各种形式展现劳动的价值和劳动之美。应大力弘扬勤劳节俭、艰苦创业、精益求精、甘于奉献的劳模精神、劳动精神和工匠精神，推动大众创业、万众创新。二是要通过各种农耕体验活动，形成全社会尊重劳动、热爱劳动、参加劳动的良好氛围。既让农民认识到农业劳动的艰辛与光荣，又让市民体验到农业劳动的不易与乐趣。三是要深入推进收入分配体制改革。加快实现居民收入增长和经济发展同步、劳动报酬增长和劳动生产率提高同步，提高居民收入在国民收入中的比重，提高劳动收入在初次分配中的比重，真正体现按劳分配的基本原则，重塑劳动最光荣、劳动最伟大的社会主流思想。

## 五、更加突出乡村的地域特色

应充分利用和发挥各地乡村优秀文化习俗资源的独特优势，促进丰收节庆活动与乡村地域特色有机结合。一是要彰显乡村文化习俗的特色。鼓励和支持全国各地将独具特色的乡村风土人情作为重要的文化元素融入到农民丰收节庆活动中，充分展示乡村地域文化、民族文化和民俗风情的风采，形成具有乡村区域特色的庆丰收活动品牌。二是要突出乡村特色产品的特色。在长期的经济社会发展中，全国各地都有各具特色、品质优良、众口皆碑的著名农副产品。这些各具特色的农副产品，既是农民丰收节庆活动展示的重要依托，又是农民丰收节庆活动展销推介的品牌。三是要突出现代科技创新的特色。农民丰收节庆活动既要立足于历史文化名村，又要面向科技创新名村，像电商淘宝村、直播网红村等在现代化进程中崛起的科技创新乡村，不断为农民丰收节庆活动提供新的内容和支撑。

## 六、更加体现农耕文明的传承发展

农民丰收节本身蕴含着中华传统农耕文明的思想资源和人文精神，也承载着在新时代推动中华优秀传统文化不断传承和发展的时代使命和光荣职责。一是要传承发展中华核心思想理念。要将讲仁爱、重民本、守诚信、崇正义、尚和合、求大同等中华传统核心思想融入其中，并且发扬光大。二是要传承发展中华传统美德。要将自强不息、敬业乐群、扶危济困、见义勇为、孝老爱亲等中华优秀传统美德转化为节庆活动的重要元素，以春风化雨、以文化俗的方式荡涤污浊、净化心灵，不断提高全社会的道德水准。三是要传承发展中华人文精神。要将中华民族几千年形成的文学艺术、科学技术、人文学术等光彩夺目的中华人文精神贯彻其中，充分体现出中华人文精神的鲜活生命力和强大感染力。

## 七、更加坚定现代文明的发展方向

新时代举办农民丰收节，既要传承发展中华优秀传统文化，又要大力促进和融入现代文明的发展进程。一是要信仰和践行社会主义核心价值观，将之融入到农民丰收节庆活动中。社会主义核心价值观，既体现了中华优秀传统文化的独特价值，也体现了现代人类文明的共同价值，在农民丰收节庆活动的组织、举办过程中要充分践行和体现社会主义核心价值观。二是要充分保障和实现农民的基本权利和自由尊严。维护和发展农民权利，是举办农民丰收节庆活动的力量源泉，也是举办农民丰收节庆活动的重要任务。通过以农民为主体举办的农民丰收节庆活动，要有利于维护和发展农民的公民权、集体经济组织成员权和自治权。三是要尊重市场经济发展规律，积极推进法治中国建设。农民丰收节庆活动应当坚定市场化改革的方向，发挥市场在资源中的基础性作用，更好地发挥政府的作用，正确处理好政府与市场、政府与社会的关系，充分尊重农民的自主选择。同时，在法治中国建设中，要大力加强农民丰收节庆活动相关立法工作，着力将农民丰收节庆活动全面纳入法治的轨道，既确保农民丰收节庆活动有法可依，又确保农民丰收节庆活动在法治的轨道上规范有序地运行，使农民丰收节庆活动成为法治中国建设中的一道亮丽的法治实践新风景。

（作者单位：北京市农村经济研究中心）

# 传统村落：尽量避免"麦当劳化"的美丽

⊙ 李华东

随着社会各界力量的重视，为了村民脱贫致富，为了村落从小康迈上美丽的新台阶，需要在传统村落中做大量的工作。在此过程中，某些具体的做法也有了日渐"麦当劳化"（即标准化、格式化、套餐化）的趋势，应该引起一定的注意。不完全归纳，模拟麦当劳的套餐，举例如下：

## 一曰魂不守舍套餐

美丽乡村建设的"麦当劳化"，首先一定是对村落的认知、对发展的理解、对建设的追求、对美丽乡村的理解等的"麦当劳化"。今天有些村落，花了不少的精力来搞所谓的"美丽"，其实缺乏明确的文化方向、强劲的文化动力、丰富的文化内涵、坚定的文化支撑。比如：

好日子就是西式现代化日子。经过近两百年的风风雨雨后，被打怕了、穷怕了的中国人，一股脑儿地转向了西方式的现代化追求，更糟糕的是虚得其表、不知其实、画虎不成反类犬。从这样的基本观念出发，催生出一系列建设追求和目标，而且生吞活剥地运用到乡村建设中，把本来对生态文明建设、可持续发展具有重大意义和价值的优秀传统，给抛弃、窒息、扼杀了。

乡村发展就是经济发展。当代一些社会风气把幸福完全等同于钞票，所谓的幸福就是有钱买更贵的东西、浪费更多的资源、产生更多的污染。说起乡村发展，就是要赚钱；说到村民利益，就是钱，啥事都和村民谈钱。乡村振兴、脱贫致富、美丽乡村建设，是只用钱就搞得定的吗？这样的观念，正扭曲、迟滞着乡村的发展！

发展经济就要搞旅游。在农业赚不了钱的情况下，赚钱就要把城里人诓来旅游。全国几百万个村落，即使那几千个列入保护名录的传统村落中，又有几个能成为游客云集的旅游圣地。许多村落天真地坚信一定会有乌泱乌泱的游客来大把大把地扔钞票，所有的定位、策略、规划、项目、做法都围绕着这个目标来设定，不惜一切手段吸引游客的注意。

## 二曰焚琴煮鹤套餐

乡村之所以重要，只因为它不是城市。保持乡村自身独特的外在物质环境和内在文化体系，对社会的可持续发展等都是非常关键的。可是就乡村自身而言，对此却是另一种认识。乡村对城市的向往，仍然蒂固根深。有些地方就干脆抛弃自身的优点，奋力把自己搞成城市的模样，实乃焚琴煮鹤、沉香烧炭。比如：

"硬化"吞噬了土地。有些村子，见到裸土就一定用水泥、石板等盖掉，为了所谓的整洁，地面上连根草都不让长。院子要硬化、道路要硬化、广场要硬化、溪涧要硬化……甚至连田埂也要硬化！国土上覆盖的水泥越来越多，天地间的阴阳交泰、自然呼吸越来越困难，"内分泌失调"的大自然，脾气也就更加狂躁，干旱、高温、暴雨、雹子随便乱来。

"绿化"湮没了自然。在奋力硬化土地的同时，大家也高度重视绿化。乡村要绿化吗？当然要。怎么绿化呢？学城里。电线杆般的行道树、捯饬成球状的万年青、每根草都要剪得一样高的大草坪、花岗石贴面的大花坛、规规矩矩的水池子、鹅卵石铺的游步道、两月就朽烂的休息椅……野花花野草草，必须换成精心设计、重金打造、巨资维护的"绿化"。

"亮化"迷失了村晚。农村也要色彩斑斓的夜景照明，投光灯、庭院灯、洗墙灯、草坪灯、泛光灯、步道灯……都整上。村委会、牌楼、祠堂、风雨桥，得重点照明。有些地方还要搞个大激光在夜空中晃来晃去，雪亮的灯光湮没了璀璨的星空。

"洁化"清灭了乡韵。垃圾、污水当然得搞干净，这是美丽的基本。可是有些村落，把干干净净的涵义扩大化了，柴禾堆、晒谷架、猪圈、茅棚，甚至有些集市、摊档等都被列为"脏乱差"，成为首当其冲要整治拆除的对象。猪圈不养猪了，鸡、狗、猪、牛都容不下了，甚至要搞"无鸡村""无猪镇"。这些东西在很大程度上是乡情、乡韵、乡村风貌的重要组成部分，把村落整成整齐洁净但无趣无味的影视基地般的假布景就是美丽了吗？

## 三曰东施效颦套餐

有些村落步了东施的后尘，看不清、瞧不起自己独特的韵味和动人心处，总认为"有种美丽叫别人家的村落"，搞起建设来很喜欢东拉西扯、七拼八凑，整一些自己本来没有也不需要的东西，结果当然也就东施一比了。比如：

村村必盘水车。水车本来是农业生产工具而不是审美对象，在传统农业逐渐消亡的同时，水车反倒一跃成为了美丽乡村的香饽饽、基本配置，甭管地处东南西北，没弄个水车在村口好像就真是辱没了"传统村落"这个称号。全国各地的水车基本上都是一模一样的，有些干旱缺水地区的村落，也非要立个水车。

桥桥要成廊桥。说起乡村，多少人脑海中浮现的场景就是小桥流水人家，于是恨不得村村都整一座。不管本村历史上有没有风雨桥，也不管湖南的风雨桥能否和广西的一样，也不管侗族的风雨桥和土家族的有没有区别，就在网上搞个图片，让施工队叮叮咣咣地盖起来，讲究点的还要铺琉璃瓦装汉白玉栏杆。

路路都铺石板。乡村的韵味，除了小桥流水还有啥？石板路。十几年前，人们还以水泥路为现代化的象征，叮叮当当地敲掉石板铺水泥，可是现在保护热情高涨，又掀起了拔掉水泥铺石板的高潮。

田田想搞花田。村里想要美丽，想要发达，就要有花海。于是乎，水稻也不要了，麦子也不要了，萝卜也不要了，栽花。房前屋后的菜地也不要了，搞上花。良田沃土更不消说，少则十几亩，多则上百亩千亩……就算是种麦子水稻，也得种出花来，搞成什么画、什么字，从空中一看，大大的漂亮。

墙墙做马头墙。啥叫中式建筑？在多少人的心目中，徽派建筑就是中式建筑。啥叫徽派建筑？就是马头墙。这样，就产生了一个全国通用的公式：中式建筑＝马头墙。于是乎，也不管本地有没有这样的传统做法，也不管马头墙本身就有 N 多种类 N 多风格，也不管不同马头墙是否有不同的文化涵义……总之，天之涯、地之角，江之南、山之北……处处都有了马头墙。

## 四曰皇家气派套餐

甭管多偏远的山村，只要有台电视，就没人不知道皇阿玛。那皇宫的气派！

雕栏玉砌、镶金铺玉、酒池肉林……在村庄建设中再现皇家气派，不是很简单的事儿。比如：

轴线气势磅礴。皇家气派，轴线为基。一些村把轴线做出来，两边对称地搞上商铺，节点若干布置有大牌坊、过街楼、大水池、大绿地，可是本来淳朴安详的村落，非给整出这气派来，和老村不搭调。

牌楼威武雄壮。过去，牌楼可不敢随便乱立，有很多规矩，不是有钱就能搞的。但现在没那么多讲究，不立个大牌楼在村口，实在辜负了咱这么多钱。皇家牌楼的规制，也搞不清楚，反正觉得足够大、足够高，就有皇家气势。

屋顶琉璃生光。古代禁止百姓用黄色琉璃瓦、九钉大门，现在这一套都被扫进历史的垃圾堆里了，只要有钱，随便怎么搞，民居的门楼、土地庙的顶子、祠堂的屋面……甚至连公厕都搞个黄色琉璃庑殿顶。可是，在那一片片沉着素雅的黑瓦屋顶群中，整这些金光四射的琉璃瓦顶，难道不比红色、蓝色彩钢板更能破坏整体气氛吗？

栏杆白玉晃晃。皇阿玛上班的大殿、玩耍的园子里头，雕栏玉砌是标配，望柱、栏板、垂带……甭管是否出于安全需要，反正河边上、塘边上、桥边上、路边上，到处都整上皇家风格的栏杆，有钱的理所当然要用汉白玉，囊中羞涩的也得用青白石，雕个牡丹、刻个凤凰也是必须的。

## 五曰土豪炫富套餐

过去的人，怕的就是露富，再有钱也得藏着掖着，别给自家惹祸。现在世道不同。有钱人，恨不得把"老子真的有钱"六个大字加重、加粗刻在脑门上。可叹的是，这种土豪习气也延烧到某些村落的建设，不怕烧钱、使劲烧钱，目的就是向全世界嚷嚷：咱村真的有钱！比如：

装腔作势的广场。过去的空场是拿来用的，晒晒谷子、开个会、看场戏、办个酒。现在土豪多金时代建造的广场，尤其是那些抛光花岗石铺就的、巨大的、阳光能把人晒出油的广场，多半就只能拿来看了。

拙劣的仿古建筑。在某些传统村落中，有种难以理解的情况是：真正的老房子没钱修，任其荒废倒塌，倒是有大量的资金来盖"仿古建筑"。但是这些仿古建筑，往往又因为设计、施工的粗劣，效果不堪入目，成为传统村落里最可恶的东西：占最多的地，花最多的钱，误最多的事，而且它唯一目的就是招徕游客，既不是保护历史，更不是创造未来。

虚假的建筑材料。材料和人一样，各有各的脾性，是为物性。这水泥就是水泥，木头就是木头，竹子就是竹子，石板就是石板。现在有些地方偏偏喜欢强扭物性，更常见的是掩耳盗铃地在墙上涂脂抹粉，弄些"仿木"瓷砖贴掉白瓷砖、"仿泥"涂料抹上红砖墙，非要用水泥做成木头的样子。

## 六曰文青多情套餐

随着大批有情怀、有文化的设计师涌入乡村，村里头各种有情怀、有文化的东西也如雨后春笋般地建起来。为了改善传统村落土里土气的面貌，为了让传统村落焕然一新，为了体现设计改造世界的力量，有些设计师真是倾注了满腔的热血。比如：

玩石。当代村落建设中具有石头情结的地方不少，最具文艺范的首推玩磨盘。磨子，过去是村民生产生活的用具，现在则拿来铺地、砌墙、垒花池……本来也没什么不好，废物利用，可问题在于：太滥啦！到处都是磨盘，仿佛成了美丽乡村的标配，路上有、墙上有、广场有、溪上有、村口有、庭院有……

画墙。文艺范要得到体现，画画是必需的。美丽乡村的标配，当然也得画画，主要是画墙，有的还能搞出 3D 效果、4D 效果。不画 3D、4D 的呢，就画穿斗架，有些地方甚至要求高速沿线、高铁沿线农房的墙都必须画上穿斗架，要体现民族风情、地域风格，继承和发扬传统文化。画墙好不好？非常好，提气、醒目、漂亮，颜值瞬间提升，村民获得感满满。但问题同样就是：太滥啦！

雕塑。美丽乡村要有文化氛围，雕塑也得上。铜雕、石雕、耐候钢、混凝土……再不济也得搞俩稻草人。内容呢？当然得体现民俗风情！肥大的妇人追赶小猪、干瘪的老头在下象棋、活泼的儿童在打弹珠……其实呢，民俗风情到了要靠死雕塑来呈现的地步，难道不觉得有点心酸？

摆花。要想美丽，就得栽花。有个比较奇怪的现象就是，农作物的花好像很不受待见——除了油菜花，一到三月驿动的心就要寻花而去。种月季、种玫瑰、种郁金香……还要种在破陶罐、烂木箱、碎瓷缸里面，然后挂在窗台上、摆在桥头上、戳在砖墙上……一大波文青气息铺面而来了吧。

# 七曰饥不择食套餐

当代社会，时间就是金钱，一切都要高效率地运转。有些地方为了赶工期、省成本，很多东西都直接买现成的标准制品，这样的建设，能有什么场所精神、因地制宜、地方风格、村落性格吗？比如：

景观设施某宝化。要建亭子，施工队长立马掏出手机某宝搜索一下，找到最近的下单付款，汽车声响起，物流把亭子拉来，乒乒乓乓叮叮当当……就出现了一个亭子。同样地，村子里的游廊、凉亭、栈桥、水车、风车、灯笼……都在网上淘来。

旅游商品义乌化。义乌小商品是中国旅游纪念品的绝对王者。逛古村古镇，哪里不就是吃点重庆酸辣粉、绍兴臭豆腐呢？现在是有些团队努力在本地文化的基础上搞点文创，可是相比魔力无边的义乌小商品，那连沧海一粟也算不上。

文化内涵娱乐化。某些文创产品，号称创意满满、牛得不行、卖得火爆，但说白了不就是糟践祖宗的遗泽献媚于当代的庸俗市场吗？少数民族的舞蹈也变啦，唱法也变啦，节庆也变啦，得让市场喜闻乐见。就这样，各地各村的文化内涵也慢慢地娱乐化了，而市场的口味是一致的，也就是说，文化内涵也将慢慢地"麦当劳化"。

（作者系北京工业大学建筑与城市规划学院教授）

# 乡村振兴的出路在土地制度创新

⊙ 赵强社

2021 年中央一号文件提出："保障进城落户农民土地承包权、宅基地使用权、集体收益分配权，研究制定依法自愿有偿转让的具体办法。"保障农民"三权"，重点是搞好农村基本经营制度、农村宅基地制度、农村土地征收制度与农村集体经营性建设用地制度"四项改革"，关键是探索依法自愿有偿转让（不是退出）的具体办法，释放农村土地制度改革红利，让农村的资源要素充分利用起来，让农民的积极性、创造性充分迸发出来，让全社会惠农的力量充分汇聚起来，为乡村振兴添活力、强动力、增后劲。

## 一、农村基本经营制度改革:前提是坚持土地集体所有权，根本是保护农户土地承包权，重点是放活土地经营权

农村基本经营制度是乡村振兴的制度基础。农村基本经营制度核心在"三个坚持":坚持农村土地集体所有，坚持家庭经营基础性地位，坚持稳定土地承包关系。表现在"三权分置":集体所有权、农户承包权、土地经营权，坚持土地集体所有权是前提，保护农户土地承包权是根本，这两个权利是底线要求，没有改革余地，党的十九大明确提出"保持土地承包关系稳定并长久不变，第二轮土地承包到期后再延长三十年"。延长承包期 30 年，意味着在第二轮土地承包到期后 30 年内，农村集体所有的土地制度不会改变，农民对土地的承包关系不会改变，农民已经承包的土地不能随便调整。所以农村基本经营制度改革的重点是放活土地经营权。

一是转让。即在发包方（一般为农村集体经济组织）同意的前提下，受让方与土地承包人签订土地转让合同协议，获得其所拥有的未到期土地的承包权与经营权。土地转让成功后，原土地承包人所享有的使用、流转、抵押、退出等各项权能将转移给受让对象。土地转让程序较为严格，需经过发包方的同意，如果出现承包方不具有稳定的非农职业或者稳定的收入来源，或者转让合同不符合平等、自愿、有偿原则，或者受让方改变了承包土地的农业用途，不是以农业生产经营为主要目的，或者本集体经济组织内其他成员提出要优先享有等情况，发包方有权不同意承包方与受让方之间的合同。

二是租赁。土地承包人与土地承租方在进行洽谈磋商的基础上，以承租的方式，签订土地租赁合同协议，获得一定期限的土地经营权，并按一定方式付给出租方实物或货币。土地租赁合同要上报农村集体经济组织存档，但农村集体组织无许可权。

三是入股。在自愿联合的基础上，土地权利人与投资者签订土地经营权入股（股份合作）合同，将自身拥有的土地经营权和投资者的投资共同组成一个公司或经济实体。一般土地权利人仅提供土地，不参与日常管理，资金、管理、运营等由投资者负责。入股的土地一般按照产量评定股数，作为取得土地收益分红的依据。这一模式与前两种模式相比，土地经营权没有改变，受农业生产经营效果影响，收益不固定。

## 二、农村宅基地制度改革：前提是落实宅基地集体所有权，根本是保障宅基地农户资格权和农民房屋财产权，重点是适度放活宅基地和农民房屋使用权

2018年，宅基地"三权分置"的提出为宅基地改革指明了方向，即宅基地所有权归农村集体所有，宅基地资格权归农户所有，这两个权利是底线要求，没有改革余地，所以宅基地制度改革重点是放活宅基地和农民房屋使用权。

一是转让与出租。探索建立农村宅基地使用权转让制度，这将派生出有偿使用费、租赁费等，从而增加农民财产性收益。资格权人将一定年限的宅基地使用权转让或出租，获取出让金或租金，承租者获得宅基地使用权。在乡村建设行动中，允许更新改造后的村庄农户宅基地使用权在本市集体经济组织成员间跨村转让并办证。

二是退出与入市。实行宅基地使用权有偿退出，退出的宅基地，通过村庄整治和拆除复垦，产生建设用地节余指标，利用"城乡建设用地增减挂钩"政策，调整入市，通过交易异地使用。

三是建设租赁住房。2017 年住建部发布了《利用集体建设用地建设租赁住房试点方案》，在试点城市，村镇集体经济组织可以利用集体建设用地自行开发运营，也可以通过联营、入股等方式建设运营集体租赁住房。

四是合作改建与共享农庄。在符合农村宅基地管理规定和相关规划的前提下，允许返乡、下乡人员和当地农民合作改建自住房，"共享农庄"。"共享农庄"指把农村闲置住房进行个性化改造，然后对外出租、经营。宅基地所有权没有变化，资格权仍属于农民，只是使用权共享，"共享农庄"引导农民盘活资源、参与创业或发展第三产业，增加农民收入。

### 三、农村土地征收制度改革：前提是缩小土地征收范围，根本是建立兼顾国家、集体、个人的土地增值收益分配机制，重点是创新能满足乡村振兴需要的集约、节约的土地征收方式

2015 年 1 月印发的《关于农村土地征收、集体经营性建设用地入市、宅基地制度改革试点工作的意见》，对农村土地征收改革方面提出了"缩小土地征收范围，规范土地征收程序，完善对被征地农民合理、规范、多元保障机制，建立兼顾国家、集体、个人的土地增值收益分配机制，合理提高个人收益"的试点要求。2020 年 4 月 9 日，《中共中央 国务院关于构建更加完善的要素市场化配置体制机制的意见》提出，建立健全城乡统一的建设用地市场，全面推开农村土地征收制度改革。

一是"村村挂钩"。一些地区自发开展了农村集体建设用地增减"村村挂钩"的探索，在保持耕地和集体建设用地总量平衡、符合规划要求的前提下，将村庄之间的集体建设用地增加与减少相挂钩。通过把闲置宅基地和低效利用的集体建设用地复垦为耕地，置换出建设用地指标调整到其他农村地区，作为宅基地、公益性建设用地、经营性建设用地使用。"村村挂钩"不同于城乡挂钩，要求优先满足农业农村发展用地需求，保留农村集体土地的性质不改变，将土地增值收益主要留在农村、留给农民。

二是"点状供地"。点状供地是一种集约、节约的土地获取方式，核心要点是在城镇开发边界以外，按照建（构）筑物占地面积等点状布局，按建多少、转多少、

征（占用）多少的原则点状报批，按规划用地性质和土地用途灵活点状供应，开发建设服务于乡村振兴的项目用地。剩余部分可只征不转，按租赁、划拨、托管等方式供项目使用。"点状供地"是发展乡村旅游、盘活农村闲置房屋、促进农民增收、助推乡村振兴的一项创新举措。"点状供地"项目方向是农村基础设施和公共服务设施，休闲农业、乡村旅游和健康养老，农产品生产加工（流通）和手工作坊，以及符合相关规定的农村新产业、新业态的建设项目。

三是农地农用特殊管理。统筹农业农村各项土地利用活动，优化耕地保护、村庄建设、产业发展、生态保护等用地布局，乡镇土地利用总体规划可以预留一定比例的规划建设用地指标，用于农业农村发展。进一步完善设施农业用地政策，对于农业生产过程中所需各类生产设施和附属设施用地，以及由于农业规模经营必须兴建的配套设施，包括蔬菜种植、水果种植等农作物种植园的看护类管理房用地（单层、占地小于15平方米），临时性果蔬预冷、葡萄晾干等农产品晾晒、临时存储、分拣包装等初加工设施用地（原则上占地不得超过400平方米），在不占用永久基本农田的前提下，按农用地管理，不需办理农用地转用审批手续。

**四、农村集体经营性建设用地制度改革：前提是符合规划、用途管制和依法取得，根本是农村集体经营性建设用地与国有建设用地享有同等权利，重点是探索就地入市或异地调整入市的方式**

2019年印发的《中共中央国务院关于建立健全城乡融合发展体制机制和政策体系的意见》提出，在符合国土空间规划、用途管制和依法取得的前提下，允许农村集体经营性建设用地入市，允许就地入市或异地调整入市；允许村集体在农民自愿前提下，依法把有偿收回的宅基地、废弃的集体公益性建设用地转变为集体经营性建设用地。2020年1月1日新修订实施的《土地管理法》进一步明确了集体经营性建设用地入市的规定。

一是土地抵押融资。在集体经营性建设用地与国有土地"同权同价"的总原则下，集体经营性建设用地拥有抵押贷款权，可以通过土地抵押进行融资。如北京市大兴区把土地入市后的"未来收益"作为抵押，推出村镇（环境）整治建设贷款、小城镇建设基金等金融服务，为大兴区相关项目建设提供了启动资金。

二是分散零星土地调整集中入市。由于土地分布不均，碎片化严重，可采用土地统筹、集中入市的方式。如四川省郫都区将集体建设用地指标在扣除集中居住区建设使用指标和新增有效耕地后，节余产业发展预留区在符合规划的前提下就地入市，将零星分散的集体经营性建设用地调整集中入市。

三是建立土地收益调节机制。入市的一个重要目的就是增加农民收入，推进农村可持续发展，因此，集体经营性建设用地改革设计了收益调节机制。如大兴区通过制定"增值收益调节金征收使用管理办法"，调节收益分配，在保证农村基础建设资金基础上，使企业、村集体、农民都受益；浙江省德清县则不直接分配入市收益，而是将资源性资产转变为经营性资产，以折股量化的形式用于壮大集体经济。

（作者系湖南师范大学中国乡村振兴研究院特约研究员、西北农林科技大学硕士生导师，陕西省咸阳市林业局党组书记、局长）

# 乡村振兴"三人"论

⊙ 廖红兵

有史以来，"人"始终是社会发展的决定性因素。乡村振兴事关中国社会的发展大局，乡村振兴也必须始终围绕"人的全面发展"来思考和谋划，要真正"留得住人、引得来人、旺得起人"。

为什么目前的乡村普遍很难"留得住人"呢？原因是多方面的，主要原因是目前乡村的生活品质相比城市的生活品质有着巨大的差距。而这种生活品质的巨大差距又主要表现在乡村生产生活中方方面面的现代化元素目前还大量缺乏，在乡村生产生活总会让"人"觉得各方面都落后于时代，离现代社会很遥远。

要想乡村能"留得住人"，根本出路就在于运用好城乡融合发展的思路，在乡村振兴过程中着力丰富乡村生产生活中各种各样的现代化元素，努力将乡村生活品质提升到可以与城市媲美的程度。当然，乡村的生活品质无论是现在还是将来，也不可能全面超越城市的生活品质，只要做到乡村与城市彼此之间各有所长、各美其美就行。

要大量丰富乡村生产生活中各种各样的现代化元素，并且做到基本上可以跟城市媲美的程度，客观上需要找到一个符合现代化建设规律且规模适度的建设载体。衡量和决定这种载体的基本标志，就是生活在这种载体范围之内的所有乡村居民能否可以类似于城市居民一样，生产生活中的现代化元素无处不在，尤其是能否便捷地享受到具有现代化水准的各种基本公共服务。因此，在一个乡镇范围之内，主要由中心集镇提供好具有现代化水准的各种基本公共服务，同时将距离中心集镇路程适度、融现代化生产生活于一体的各个建制村与中心集镇视为一个整体来联合打造"村中城"，就是符合现代化建设规律且规模适度的建设载体。这是在城乡融合发展思路下乡村城镇化、现代化的客观需要和理念上、行动上的重大创新。

根据上述原理，乡村振兴就应该以乡镇为基本单元，按照"村中城"理念来进行总体规划和建设。全乡镇每一个村的发展定位都要纳入本乡镇"村中城"建设模式来统筹考虑，要以集镇为中心，从时空距离上实事求是地科学论证和区分好哪些建制村是现代化水准的基本公共服务可以便捷覆盖、有希望振兴起来的村庄，哪些是现代化水准的基本公共服务难以便捷覆盖、基本上不可能振兴起来的村庄，并据此在乡村振兴规划中区别对待，分类处置。一个县各个乡镇的"村中城"建设总体规划还要结合全县的县域经济和社会发展的总规划来确定。

将"村中城"理念和建设模式运用于一个乡镇的乡村振兴总体规划，需要一个可操作、便于落地的具体概念。对于这个具体概念，我们不妨这样来理解和设定：以集镇为中心，原则上以 5 ~ 8 公里为半径划圈，将圈内区域面积 75 ~ 200 平方公里范围内分布的各个建制村，与集镇这个中心联合起来规划建设，整体性打造成"村中城"。虽然每个乡镇的版图都不是一个规整的圆形，但在概念上应该这样来基本把握，特殊情况也可据实而论。这样打造"村中城"的目的，就是要为乡村"留得住人、引得来人、旺得起人"奠定一个综合性的良好基础。比如生活居住在圈内各村庄的居民出行到集镇上去获得相关公共服务，5 ~ 8 公里通畅路程配上现代化的交通工具原则上只需 5 ~ 10 分钟，完全可以做到通畅便捷出行，这就比许多大城市的状况要好得多。再加上乡村其他方面的优质条件，乡村居民的生活品质就会逐步具备与城市生活品质的可比性，从而展现出巨大而且诱人的生命力。

"村中城"的中心集镇和圈内各建制村的功能定位和建设按照如下办法来展开：

中心集镇的主要功能定位是本乡镇"村中城"的基本公共服务中心区域。按照"缺什么就补什么"的原则，补齐、升级、完善各项基本公共服务及相关公用设施建设。中心集镇首先要与县城连通二级以上等级公路，打通与县城等外部现代化城市有效联系的便捷通道。落地中心集镇的基本公共服务设施主要是标准化的乡镇政务服务场所、乡镇中小学、乡镇卫生院、乡镇公共文化体育场所、乡村现代生产生活主要商品集散场所等。

圈内各建制村是属于可以振兴、应该振兴的村庄，对于圈内此类建制村可以称之为"振兴村"，其主要功能定位是生活居住区域加上以农业为主的生产区域。依托圈内各"振兴村"的特色和资源禀赋，有针对性地规划好相关发展空间布局。首先要按照"生态宜居"的总要求进一步提升"振兴村"生活居住环境和条件，以"适度集中居住、提升公共服务设施投资效率"为规划引领，以美丽乡村和幸福屋场建设为抓手，通过改水、改厕、垃圾分类等具体行动，培养良好的生活卫生习惯，逐步改善和提升人居环境。其次，还要规划建设好新的生活居住区域、产业分类发展区域，根据需要建设好廉租房、周转房、标准化厂房等。在产业分类发展用地规划上，要在确保留足并标识国家粮食安全和生态安全用地区域的前提下，明确标识好其他产业可用地的区域，充分挖掘村内其他产业的发展潜力。在乡村生产形态上，要改变市场经济条件下数量众多的村民主要从事经营规模小、劳动强度高、现代化程度低、抗风险能力弱、经济效益低下的农业的生产组织方式，下大力气重构乡村生产社会分工，把广大村民从这种很难致富的困境中逐步解放出来。在尊重农户意愿的前提下，能够流转的粮地和林地应尽量向大户或专业户集中，以利实现规模化生产和经济效益提升。同时通过资金、技术和人才的引进，加强加工业"共富车间"建设，尽最大可能为其他村民就近就地从事其他产业、更多地增加收入努力创造条件。在村内公共服务上，落地"振兴村"的基本公共服务设施主要是小微型的，比如村级事务服务中心、村小学、村幼儿园、村卫生室、村公共文化体育场所以及"农家乐"、小酒吧之类的餐饮和娱乐店铺、小微企业等。在乡村社会形态建设上，要延续和发扬好乡村注重人情味的"熟人社会"属性，着力营造乡村邻里和睦、互帮互爱的传统社会氛围。在乡村文化建设上，每个村都要以"同祖同宗同源"为理念，以"知根达命"为目标，扬"敬祖"之风，树"爱国"之气。

圈外村庄原则上属于难以振兴、应该消减的村庄，对于圈外此类村庄可以称之为"千禧村"（实为"迁徙"之意），就是说生活在这些村庄的村民在乡村振兴中遇到了千年难遇的迁徙（千禧）到"振兴村"的发展机遇。乡村振兴要出台好可堪比脱贫攻坚时期易地扶贫搬迁政策相类似优惠的乡村"易地振兴搬迁"政策，有计划地组织和引导"千禧村"的村民进圈内的"振兴村"迁移安置。圈外要消减的村庄，其土地等有特色资源开发价值的仍然可以开发，有的村民依然可以到这些村庄开展有关生产活动，但村民日常可以不在这些村庄生活居住。

至于紧紧环绕县级以上城市周边的建制村，这是乡村振兴相对容易搞成的"第一环"，也一样要运用好"村中城"理念，把这样的村庄作为整个城市有机构成的一部分，可以城市为中心，将这样的村庄定义为城市的"卫星村"，按照"乡村风貌、城市功能"的要求来开展好规划建设。在推进"卫星村"建设过程中，应当充分考虑发挥"卫星村"的城市公园功能、城市"菜篮子"作用、生态宜居效用、教学研基地潜力，努力做到内容上各具特色。

要想乡村能真正做到"留得住人、引得来人、旺得起人"，在建设"村中城"的过程中，还得下决心降住乡村振兴路上的三只"拦路虎"："乡村基础教育偏低""乡村医疗卫生偏差"和"村级集体经济偏弱"。降住这三只"拦路虎"的主要方法，就是以县为单位联合打造"学校联合体""医疗联合体"和"村级集体经济联合体"。所谓"学校联合体"就是在一个县范围内，以县级中学为主体，将全县所有公办中小学校联合打造成一个通过"即时视频教育系统"进行分年级统一授课的"义务教育联校"。所谓"医疗联合体"就是在一个县范围内，以县级人民医院为主体，通过现代化技术和手段，将全县各乡镇的卫生院和各建制村的卫生室联合起来打造成一个互联互通的整体性医疗服务机构。所谓"村级集体经济联合体"就是在一个县范围内，以所有建制村为股东，无股本金的村可由县级财政注入所需数额的股本金，采用规范的现代企业制度方式联合组建"村级集体经济有限责任公司"。

总的来讲，只要我们始终做到围绕"三个人"，塑造新常态，降住"三只虎"，建好"村中城"，一张蓝图绘到底，每一个充满活力的乡镇"村中城"将会共同承载起具有中国特色的乡村振兴伟业。

（作者系湖南师范大学中国乡村振兴研究院特约研究员、湖南省乡村振兴局法规处处长）

# 乡村社区的制度性改革

⊙ 史啸虎

村民自治组织将其办理公共事务的行政权力上交给政府，就意味着给农村社区包括村民自治组织在内的各种经济和社会组织，特别是非政府性的组织腾出了宽广的也是非常宝贵的生存与发展的空间，也将给我们通过一系列制度性改革以重新构建我国农村崭新的社区生活带来了一个千载难逢的绝好时机。

改革与重新构建农村社区的新生活，首先需要改革与重建农村的自治组织制度体系。这是一项看起来很复杂，其实并不是毫无基础的一项工作。因为经过三十多年村民自治的实践以及改革开放以来人们思想观念的变化和进步，我们已经完全具备了改革与重建村民自治组织体系的坚实基础。只要我们认真吸取村民自治历史上正反两方面的经验和教训，既根据国际普遍经验又遵循我国特色，一个崭新的符合中国特色社会主义实际的村民自治组织体系是完全可以重建的。

村民自治制度体系的改革与重建涉及许多方面。首先是村民自治组织的法律定位，也就是要确定这个基层自治组织究竟属于哪一种法人类型。《中华人民共和国村民委员会组织法》对此早有规定，即第二条"村民委员会是村民自我管理、自我教育、自我服务的基层群众性自治组织，实行民主选举、民主决策、民主管理、民主监督"。然其法人定位问题在该法颁行后的三十年里始终未能得到很好解决，也就是说，在这么长时间里村民自治组织始终不是法人。好在今年初颁布实施的《民法典》终于确定了村民自治组织属于特别法人，尽管有关这个特别法人的法律地位还没有细化。

其次，农村社区也是一个社会。因此，人们需要弄清村民自治组织与其他相关非政府法人组织的关系。比如，在任何村民自治组织自治区域内都必然包括众多的其他法人组织，如包括社区合作社在内的其他各种类型的合作经济组织、志愿者组织、非营利组织以及从事各种公益事业的组织等。

这些非政府的经济与社会组织的服务和经营范围很广，普遍涉及了农村扶贫济困、福利保障与救济、慈善与发展援助、医疗卫生与健康、保护妇女和儿童、环境保护、民主促进、法律援助、宗教事务、地方文化、志愿者行动、旅游迁徙咨询以及教育培训等社区服务，涉及农村政治、经济、社会和文化发展的所有其他领域。可见，这些经济和社会组织构成了农村社区生产生活的重要组成部分，也是确定自治区域社会管理的有机组成部分。因此，在推行村民自治的同时，这些经济和社会组织也需要我们的各项制度安排给予比较广阔的生存和发展空间。

振兴乡村所需的工作仅仅依靠一个村民自治组织去做显然是不够的。因此，鼓励在农民自治区域内发展以社区合作社为主的各类社会经济组织对于增强农民振兴乡村的信心以及大力发展农村公共事业，加快发展农村文化教育事业，重点普及和巩固农村九年义务教育，加强农村公共卫生和基本医疗服务体系建设，促进农村精神文明建设与和谐社会建设，明显改善广大农村的生产生活条件和整体面貌，就是非常重要和必要的了。

还有，村党组织与村民自治组织的关系也需要在改革中进行适当的调整，以确保村委会的自治性。为此，我们还应该在改革村民自治制度的同时进行一系列必要的其他制度上的配套改革。稍微概括一下，这些配套的制度改革包括：

其一，在颁行和实施《民法典》之际，应该鼓励和支持农村社区范围内的村民自治组织、合作社、家庭农场、个体经营户、公立或私营学校、民营医卫或养老机构，尤其是从事医卫或养老服务的社区合作社以及其他各种非营利组织和社会组织尽快进行注册，以保障它们均能在一个完善的国家法律体系中找到适合于它们的法定位置。

其二，村民自治组织不是一级政府，而是一种村民自我管理、自我教育、自我服务的基层群众性自治组织，并且法律确定该组织实行民主选举、民主决策、民主管理、民主监督。但现在普遍实行村党组织书记兼任村委会主任。这种一体化方式不利于体现原本属于自治的本质，也不利于实行"四个民主"原则的村民自治组织的管理工作，更不利于发挥农民振兴乡村的积极性。

为此，建议明确村党组织比照党章中有关非公有制经济组织中党的基层组织的规定。村民自治组织中的党组织发挥的领导作用可一并包括贯彻党的方针政策，引导和监督村民自治组织遵守国家的法律法规，领导各种类型合作社和其他社会经济组织，团结凝聚广大村民，维护各方的合法权益，促进自治组织健康发展。

其三，应该由国家立法机构拟定和颁行旨在鼓励和促进各种非政府的民间经济和社会组织发展的法律和法规，以将法律规定的公民应有的组织资源和结社权利落实给农民，以让广大农民根据其生产和生活的需要自由地选择参与各种社区合作社及其他合法的社会经济组织，享有宪法规定的所有公民权利。

在很多地方，这些非政府的社会经济组织和自治组织的社会影响力和号召力甚至超过了某些城区的基层街道和居民委员会，已经有效地填补了政府提供的行政管理和公共服务上的不足，并且通过他们成熟而有效的自治和服务，为其自治范围内的居民提供了一个非常美好的生产和生活环境，成为建设和谐社区的一支重要力量。

其四，改革现有的集体土地产权制度。可以说，在村民自治制度的所有配套制度，也即与其密切相关的制度改革中，集体土地产权制度的改革其实是最重要的一项制度改革。可以说，如果不改革现有的集体土地产权制度，将农民的土地权益资产化和股份化，村民自治制度的改革也就不可能出现突破性进展。

我们实行土地集体所有制并且法律又规定由村集体经济组织或村民自治组织——村民委员会来充当集体土地所有权的行使人，但是我们的所有法律却没有赋予这个集体土地的真正主人——农民以具体的可以体现其在集体土地中所享有的具体的资产权益。

因此，我们只有改革现有的集体土地产权制度，根据《民法典》按份共有原则赋予农民具体且完整的土地产权，并在此基础上引导农民兴办各种类型的专业型合作社和社区型合作社以及其他各种社会经济组织，并通过国家监管有序地进行土地交易和租赁，逐步地促进土地集中以实现土地规模化经营。在这种情况下，我国的村民自治制度才能真正做到去行政化，而村民自治组织——村民委员会也才能真正地摆脱非股权化的集体土地行使人的沉重包袱，将自治重点放到如何维护和保障自治区域内已经成为土地主人的村民们的政治和经济权益以及如何履行其应有的自治职能上来。

总之，农村社区各项制度改革的关键还在于村民自治制度和土地产权制度的改革。只要我们决心根据按份共有原则改革现有的集体土地产权制度，同时，真正地贯彻中央有关提高社会主义基层民主建设水平的指导思想，改革我国政府行政管理体制，转变政府职能和村党组织发挥领导作用的方式，制定与颁行促进村民自治组织和各种类型的合作社与社会经济组织发展的政策法规，培育适合这些经济和社会组织发展的肥沃土壤，我们的乡村振兴战略就一定会取得成功。一个崭新的充满和谐和活力的农村社区也一定能出现在中国广袤的农村土地上。

（作者系广东省广州市社会科学院经济学研究员）

# 乡村为什么需要属于自己的教育

⊙ 肖诗坚

2021 年 7 月，中共中央办公厅、国务院办公厅印发了《关于进一步减轻义务教育阶段学生作业负担和校外培训负担的意见》（以下简称《意见》），此政策出台，掀起巨浪。号称中国教育体系中的第三大教育体系"校外培训"受到毁灭性打击，教育股票暴跌，培训机构纷纷裁员倒闭。此双减政策或将载入中国教育史册。

然而，此重大政策在乡村教育界却没掀起任何涟漪。有没有新东方、好未来，对于乡村孩子都一样，放学之后该干农活干农活，该在地里撒欢儿撒欢儿。

不仅本次，教育部接二连三出台的各种政策几乎都和乡村教育无直接关系，因为我们的教育是城市本位，一切从城市出发。

但就学生数量而言，中国乡村孩子却是义务教育的主体。推进乡村教育发展的重要方式是承认乡村教育的差异性，在政策、机制，甚至教学内容上走差异化道路，不"一刀切"。乡村教育要生存、要激活、要发展，不能简单地从内容到形式复制城市教育，更不能跟在城市教育后面追，而是要根据乡村教育特点及需求探寻出属于乡村自己的教育模式。

乡村教育的宗旨不应是培养跳龙门的鲤鱼，而是要培养热爱乡土、热爱生活、敬爱自然、走向未来的新一代乡村子弟。

## 中国义务教育的主体是乡村学生

尽管城市化的浪潮一浪高过一浪，但中国土地上依旧并将永远生活着这样一群人：他们祖辈以土地及农业为生，数量庞大，他们是中国的农民。《中国农村发展报告 2020》预计到 2025 年中国城镇化率将达 65.50%，届时，依旧有将近 5 亿农村人口。5 亿人是什么概念？世界第三大人口国美国人口不过 3.2 亿，中国农民总数到 2025 年依然比美国总人口多了将近 2 个亿。

表 1　2016—2020 年中国城镇化率及 2025 年预测中国城镇化率　　单位：%

| 年份 | 2016 年 | 2017 年 | 2018 年 | 2019 年 | 2020 年 | 2025 年 |
|---|---|---|---|---|---|---|
| 城镇化率 | 57.35 | 58.52 | 59.58 | 60.60 | 63.89 | 65.50 |

（数据来源：国家统计局）

这些勤劳而贫苦的农民后代大多在其所属村庄或镇上读书上学。发生在乡镇学校的教育被统称为"农村教育"。

《中国农村教育发展报告 2019》显示：2017 年全国义务教育在校生 1.45 亿人，其中在乡镇接受义务教育的学生达 9506.4 万人，占全国接受义务教育学生总数的 65%，这个比例到 2019 年依然相差无几。

表 2　2016—2019 年全国城区、镇区、乡村义务教育学生数及其总数　　单位：万人

|  | 2016 年 | 2017 年 | 2018 年 | 2019 年 |
|---|---|---|---|---|
| 城区 | 4756.6 | 5029.4 | 5414.0 | 5771.0 |
| 镇区 | 5927.0 | 6087.6 | 6263.0 | 6409.5 |
| 乡村 | 3558.8 | 3418.8 | 3314.8 | 3207.9 |
| 总数 | 14242.4 | 14535.8 | 14991.8 | 15388.4 |

（数据来源：教育部官网）

乡镇 9000 多万孩子在接受义务教育，这个总数甩出城市学生整整 4000 万，比加拿大一个国家的人口还多。如此庞大的群体，理应成为我国义务教育的主体，理应享有和都市孩子一样的有质量的教育，但并不然，我们农村教育是整个国家教育的薄弱地带，尽管农村孩子也将是未来国家建设的主力军。

## 中国教育正在失去乡村

我国乡村学校在国家统一课纲指导下从课程设置到教材内容都与城市学校保

持一致。乡村学校基本都使用部编版教材，同时学校也努力按要求"开足开齐"国家规定的课程，尽管因为师资的缺少导致很多乡村学校难于实现。从教育质量评估而言，全国城乡都采用考试制度，大浪淘沙通过高考的乡村孩子，通常被称为是"鲤鱼跳龙门"，属于少数幸运者，寓意其命运将就此改变。

一方面是统一的目标、统一的教材、统一的考试，另一方面是落后的教育及教育资源，再加上社会变迁中复杂的文化心理变化，使得中国的教育正在失去乡村，乡村也在失去教育。早在十年前，学者饶静等就大声疾呼以城市为导向的教育政策让我们正在失去农村，我们的农村正在失去教育。很不幸，这一呼声在都市化、城乡一体化的浪潮中被淹没。

乡村学生及学校的总数量在锐减，每年乡村学生总数以百万级数量断崖式下降。大量农村学生涌向县城，导致乡村学校进一步萎缩，且师资流失，教学质量下降，形成恶性循环。

表3　2015—2019年乡村中小学学生数　单位：人

| 年份 | 2015年 | 2016年 | 2017年 | 2018年 | 2019年 |
|---|---|---|---|---|---|
| 学生数 | 37454007 | 36344440 | 34967004 | 33968990 | 32908226 |

（数据来源：教育部官网）

表4　2015—2019年乡村中小学教职工数　单位：人

| 年份 | 2015年 | 2016年 | 2017年 | 2018年 | 2019年 |
|---|---|---|---|---|---|
| 教职工数 | 3046836 | 2938440 | 2847753 | 2786834 | 2740166 |

（数据来源：教育部官网）

在谈农民子女时，有个词叫"农二代"。"农二代"指80或90后的农民子女，其父母或在农村务农或在城市打工。"农二代"基本分为两大类：顺利跳过龙门的鲤鱼们和没有通过高考的小鱼小虾们。

近年中国农村90后高考升学率最高可达40%，这是一个很可喜的进步。但参考高中升学率我们可以计算出乡村孩子能上大学的总数约为乡村孩子总数的12%。也就是说，90后们有幸成为鲤鱼的概率大约是1成左右，没跳过龙门的小鱼小虾大约为9成。2016年，中国在外打工的人有1.6亿，其中有1亿是小鱼小虾"农二代"。

表5　1995—1999 年出生的乡镇学生小升初及初升普高升学率

| 1995—1999 年出生的乡镇学生小学入学人数 | 小升初升学率 | 1995—1999 年出生的乡镇学生中学入学人数（包括职中） | 初升普高升学率 | 1995—1999 年出生的乡镇学生普通高中入学人数 |
| --- | --- | --- | --- | --- |
| 78509572 | 89.44% | 70216977 | 33.73% | 23686289 |

（数据来源：教育部官网）

但无论是鲤鱼还是小鱼小虾，"农二代"都有一个共性：就是不回农村也不认同农村。"农二代"一般是 6 岁上学，他们或初中、或高中毕业后就离开家乡外出打工，他们对农业、农村、土地、家乡都没有太多认同，也不熟悉，"离乡""离农""离土"是他们必然的选择。这造成看似乡村孩子高考升学率在升高，实则农村在留人口的受教育比例很低。随着更多乡村小学的消失，农村将成为文化与教育的荒凉之地。这就是说，中国教育在失去乡村。

从另一方面看，乡村学校只教授课本知识，且以帮助学生考试为目标。平日，学校日常教学与村庄无关联，学生学习内容与日常生活及村庄无关联，乡村文化的传承与学校教育无关联，乡村学校成为村庄中的孤岛，乡村教育成为城市教育的木偶，缺少灵魂。就这一点而言，乡村在失去教育。

事实上，中国的乡村没有属于自己的教育，没有所谓的"乡村教育"。乡村教育只是简单地传递、传播以都市为中心的知识体系和文化文明。更为可悲的是，乡村教育对大多数农民后代而言更似在浪费生命，无法帮助他们走入社会拥有美好甚至正常的人生。教育在失去乡村的同时，中国也在失去自己的后代。

## 失去乡村教育的农民后代

我们有如此庞大的乡村儿童群体，却没有属于他们的教育，这对乡村孩子意味着什么？

长期以来，我们认为，都市代表先进和富足，乡村代表落后和贫穷。这种乡村二元对立思想在教育中有较强市场，并成为推动城乡教育公平的动力，先进带落后，富足带贫穷，或落后及贫困的乡村要向先进及富足的城市看齐。这种以都市教育为中心的思想，会不自觉地对乡村及乡村文化的存在漠视，有时甚至是一种居高临下俯视的态度。乡村儿童在接受这种都市中心的教育时，不仅有距离感，也缺少生命连接。这种居高临下的无生命连接的教育，让他们产生极强的自卑，再加之乡村教育资源匮乏，造成乡村孩子在接受教育时经历教育的"三无学习"：学着无趣，学着无聊，学着无用；到了打工时代他们又经历"三无人生"：回乡无心，进城无路，找工无技。

大部分"农二代"的生活状态是悲哀的，他们是漂浮的一代，他们没有根，带着子女漂浮在城乡之间。

大部分"农二代"小鱼小虾们回不了家乡，因为他们从小被教育要"走出大山""远离乡村"，回乡是没出息没本事的表现；就算有勇气回去，他们也不会种地，肩不能挑，手不能提；家长不让学，学校没有教。所以，他们不回乡。

小鱼小虾们也留不了都市，一是他们没有一技之长，上学期间他们没有学会任何可以赖以生存的技能及手艺；二是没有能力，到一个陌生的环境开始崭新的生活最起码要有解决问题的能力、沟通的能力，这些他们都不具备。

小鱼小虾们的一生是漂浮和流动的一生，他们一般哪里有老乡就结伴去哪里，租住都市边缘旧房，或干脆生活在工地，成为城市建设、工厂流水线、城市环保的主力。

如果我们把2000—2005年出生的乡村子弟叫"农三代"的话，那么"农三代"情况也不乐观，他们正在继续演绎父辈的悲哀，据2010年第六次人口普查数据，"农三代"人口为5000多万。

乡村儿童为没有属于自己的教育付出了生活及生命的代价，而这代价最终的买单者还是整个社会。

## 乡村需要属于自己的教育

中国已经迈入乡村振兴时代，中国的"农三代"不应该再经历他们父辈的悲哀。要解决"农三代"的教育问题，国家不仅应该加大投入，而且应从资源配置、政策倾斜到教育教学内容及方式都要考虑乡村的特殊性，走城乡教育差异化道路。世上没有最好的教育，只有最适合的教育。乡村教育，要"因"乡村儿童的"材""施"适合乡村儿童的"教"育。

首先，乡村教育要转变为城市培养人才的思维，坚持乡村教育先为农民、农村服务的观念，从乡村儿童需求出发，要打破"学习=读书""读书=考试"的观念。农村子弟需要学习，要打好读写算的基础，但未必需要读死书，未必一定要考大学。特别在目前高考中考资源紧张、乡村教育资源匮乏形势下，乡村教育更不能以考学为目标，不能做"保一杀千"的教育，而应该做"保一救千"的教育设计：让少数有能力的孩子可以上大学，同时要为大多数上不了大学的孩子"托底"，让他们在基础教育阶段除了掌握必备的文化知识，还要具备一定走入社会的能力和技能，让其未来能自信从容地面对生活和人生。乡村教育不能为了几个可以跳龙门的鲤鱼，而无情地杀死千千万万个小鱼小虾。乡村教育要为农民服务，做农村娃喜欢的教育，做有利于农村发展及振兴的教育。

其次，我们需要承认并悦纳城乡的差别，并充分利用乡村特有的资源，走城乡教育差异化的道路。城乡不仅有文化的差异也有人的差异。有些差异需要被缩小，比如教育质量，有些差异需要被接纳，比如文化差异，甚至是人的差异。乡下孩子具备很多城里孩子不具备的天赋及能力。他们出生后看到更多的是青山绿水日月星空，不是标语广告，甚少见到书籍。因而，大多数乡村孩子对自然、对生活的感受力较高，对文字及逻辑理解相对较弱；他们从小生活在田野，活动多、劳动多，所以一些孩子的运动天赋好，动作协调能力强；又因为村里有大小事相互帮忙的传统，所以从长辈那里乡村孩子们习得了良好的合作能力。乡村独有的自然乡土文化可以成为丰富的教育资源，乡村孩子独有的天赋加以挖掘很可能培养出国家需要的特殊人才。

最后，教育要建立多元观念，不能"一刀切"。让乡村教育为乡村的繁荣及振兴而服务，让多数乡村儿童可以快乐幸福地在家乡接受好教育，让他们为生活而学，为生存而学，为自己及乡村的福祉而学。联合国教科文组织早在上世纪70年代就提出教育四大支柱：学会做人，学会生活，学会做事，学会学习。这"四个学会"对于乡村儿童尤其重要，有了"四个学会"，乡村孩子才能——走出大山能生存，留在大山能生活。

## 乡村教育应该是怎样的

办农民需要的、从乡村儿童需求及特点出发的乡村教育要从观念、课程、综合评价等多方面全面展开。田字格兴隆实验小学在过去近五年的实践中根据乡村儿童特点探索出乡土人本教育乡村教育新模式，有课程有实践，并还在探索中。

### 1."生活即教育"应该成为乡村教育的核心理念
学会生活，既有在学习中生活，也有在生活中学习，这是陶行知先生近百年前提出的教育主张，今天在乡村教育中依然适用。所谓生活教育，我理解的有三点：一是学校最大化地模拟社会，并尽可能将教育情景生活化；二是同时将教育内容与生活紧密相连，更进一步，走进村庄，走进老乡生活；三是由于乡村大部分为留守儿童，很多儿童缺少家庭教育，一、二年级学生不会洗脸刷牙者大有人在，所以乡村学校开生活课是非常必要的。

贵州人将外出劳动打工叫"讨生活"，劳动是为了让生活过得更好，学习亦然。穷人的孩子早当家，乡村儿童普遍在年少时就要分担家务协助家人劳动，他们小小年纪开始学习为生活操心，如果学校的教育、学习的内容与其生活完全割裂，那么他们很难在当下体会到学习的意义和乐趣。在学校学习讲究卫生，回到家可以帮助家里打扫卫生；赶场不会算帐，回到学校老师教会算帐，这种跟生活紧密相连的学习才有意义。

田字格兴隆实验小学有一门课，叫"共同生活课"，这门课除了教孩子劳作、经营以外，还教孩子如何相互帮助，学会共同商议，学会讨论并解决问题。生活是人生必修的功课，孩子从小上好这门课，未来人生的任何"考试"都会好运相伴。

## 2. 做有"根"的教育才能让乡村教育走出危机

走出大山改变命运是很多乡村家长、老师给孩子的励志和奋斗目标，但它看似励志实则对乡村儿童自信、自尊具有极强的杀伤力，因为它在否定孩子的出身和家乡。一个背负着自我否定家乡否定包袱的人，他的人生必定步履艰辛。

东北师范大学的邬志辉教授在一次讲座上说，他们对农村大学生——也就是跳过龙门的鲤鱼们做过调查，他们研究发现，那些对乡土没有认同的人，往往也难以适应都市的生活。一个没有根的人，无论是鲤鱼还是小鱼小虾，漂到哪里都扎不下来，而一个有根的人，总会带着自信闯荡天涯。

田字格兴隆实验小学这几年来一直在努力培养有"根"的孩子。学校设有"乡土课"和"农耕课"，进行乡土教育，感恩教育，并充分做好与村庄的连接。"乡土课"的重要目标之一是培养孩子的自我认知、家乡认知。通过学习，孩子可以回答"我是谁"的问题：我是正安兴隆人，我是农民的孩子，我为此感到骄傲。这些课程都设有行动与分享环节，让孩子从小就参与改变家乡的行动并大声说出自己的行动。几年下来，孩子们不仅与家乡建立紧密的连接，而且还会真挚地热爱自己的家乡，甚至有些孩子会萌生长大要回到家乡参加家乡建设的思想。

北京大学财政科学教育研究所宋映泉教授及团队在 2020 年通过"乡土村小"

项目对田字格兴隆小学及周边乡村学校进行了调查，调查显示，田字格小学学生的幸福感要高于其他7所普通村小。我想这和学校开展乡土教育、感恩教育等是密不可分的。

### 3. 自然教育应为乡村教育的"支柱产品"

大多数乡村学校置身在美丽奇妙的大自然中，大自然是上天赐予农村学校独有的教育资源，一定要善加利用。

随着城镇化的推进，都市人与大自然的距离越来越远，儿童没有与自然亲密接触的机会，以至于很多都市人患有"大自然缺失症"，导致一些儿童感到孤独、感知力差、抑郁等。

自然教育应该成为乡村教育的特色，让儿童在大自然中亲近土地、植物、动物，学习如何与环境相处，成为健康快乐的人。

乡村学校要因地制宜开发属于自己的自然教育课程，国家有关部门或教育机构应该协助乡村开发此类课程。自然教育课程将受到很多都市人的追捧，乡村学校或许可以因此吸引部分返流儿童。

### 4."混龄教育"及"自主学习"是解决农村小规模学校困境的钥匙

我国乡村大约存在10万所人数不足百人的小规模学校。21世纪教育学院和杨东平教授一直呼吁重视农村小规模教育的现状，积极帮助并推动农村小规模学校的发展。

乡村小规模学校将会存在相当长时间，解决小规模学校面临的结构性教师资源短缺，提升教学质量，保持乡村教师的教育热情，是解决乡村教育凋敝的重要途径。一个有六个年级15人的村小，按照国家开足开齐课程的要求，至少需要配置6~8位老师。这个配置按照师生比而言确实太高，对乡村及国家都属于高负担。所以，很多村小配置教师不够，若乡村教师严格按照国家课时标准上课，教师辛苦，教学质量也无保障。

根据发达国家的经验，建立自主学习机制、开展混龄教育可以有效解决小规模学校结构性师资短缺问题。西方很多国家的乡村学校也都属于小规模学校，他们通常会采用1~2位教师包班形式管理20名左右年龄不等、年级不等的学生，教师通常就采用自主学习及混龄教育方法。当然，这些教师都需经过专业训练，才能自如管理一个小型混龄学校。

　　混龄教学就是让 2 ~ 3 个不同年级、甚至全校的学生在同一个教学空间展开教学。教师根据学生及课程需要决定采用通讲、小组学习还是个别辅导等不同教学形式。混龄学习的最大优势是可以充分发挥大带小的优势，让高年级学生辅导低年级学生。

　　为了在发展中国家推动混龄教育，联合国曾经就此出过专门的辅导手册：《偏乡混龄创新教育》。

　　田字格兴隆实验小学在混龄及自主学习方面都做了很多探索，也有相当的突破。但近年随着对统一教材使用规定的加强，我们不得不放弃专科教学的混龄探索，仅集中特色课的混龄教学。

### 5. 乡村教育要走向未来

　　田字格乡土人本教育的理念叫"立足乡土，敬爱自然，回归人本，走向未来"。乡村孩子不仅要有乡土观、自然观，还要有未来观，因为教育是为未来培养人。

　　走向未来的乡村孩子不仅要学好基础课，学会合作，学会生活，还要掌握走向未来的技能。如果可能，乡村学校一定要利用网络资源，开设计算机课及编程课。对于新科技的学习及掌握，城乡孩子并无明显差异，而这些能力及课程的掌握很有可能增加乡村孩子弯道超车的机会。目前所有贵州的村小都配有计算机室，硬件设备够，只要有一位老师略懂计算机，会上网，就可以帮助孩子学习编程。

　　总之，中国农村幅员辽阔，人口众多，农村学生占基础教育比重大，但是乡村教育不仅落后甚至走向凋敝。乡村教育要想突破，必须走差异化道路，在差异中求生存、在差异中发展出自己独特的优势。绝大多数乡村学校缺少音、体、美教师，小规模学校又缺少老师，这种情况下，完全可以在要求上好语数等国家要求开的基础课的前提下，允许学校因地制宜展开富有特色的乡土课、农耕课、生活课和自然课。田字格的实践证明，乡土课等特色课不仅孩子喜欢学，教师也喜欢上，且对基础学习有辅助提升作用，是农村儿童需要的课。

　　中国乡村已经迈上振兴的大道，中国乡村教育亦须同行大步跟上。

（作者系田字格公益发起人，贵州省兴隆实验小学校长）

# 做好土地改革和土地金融服务大文章

⊙ 凌云

    乡村振兴战略的推进、土地要素的流动，不仅给广大农民带来了财产性收入，而且成为破解金融服务"三农"难点、痛点问题的有效途径。因此，做好农村土地金融服务这篇大文章，具有重要的现实意义。

## 一、关于农村土地问题及其改革的历史考察

    土地是最为重要的生产资料，农民问题归根到底是土地问题。"谁赢得了农民，谁就会赢得了中国，谁解决土地问题，谁就会赢得农民。"早在中国革命时期，在土地问题上，就是要推翻封建土地所有制，实现"耕者有其田"。1928 年，毛泽东主持制定了中国共产党历史上第一个土地法即《井冈山土地法》。后来在总结经验的基础上，形成了土地革命路线：依靠贫农、雇农，联合中农，限制富农，消灭地主阶级，变封建土地为农民土地所有制。抗日战争时期，将土地政策调整为减租减息。解放战争时期，1947 年颁布了《中国土地法大纲》。新中国成立后，实行农业社会主义改造。1953 年通过《中共中央关于发展农业生产合作社的决议》，强调党在农村工作的根本任务就是引导农民以土地入股，创办初级农业生产合作社，后来发展成为高级社。农业合作化实现了农村土地从农民个人私有到合作社集体所有的转变。

    1978 年，党的十一届三中全会开启了改革开放新时期。家

庭联产承包责任制拉开了中国改革的新序幕，实现了从土地的"集体所有、集体经营"到"集体所有、家庭承包、双层经营"的转变。这一土地制度变革，推动了从政社合一到政社分离的转变，从而实现了乡村治理方式的转型。

党的十八大以来，进一步推进土地承包权和经营权的分离，实现从"两权分离"到所有权、承包权、经营权"三权分置"的转变。2013 年，党的十八届三中全会明确提出推动农村宅基地制度以及整个农村土地制度的改革。2014 年，中共中央办公厅、国务院办公厅下发《关于引导农村土地经营权有序流转发展农业适度规模经营的意见》，明确指出用 5 年左右时间基本完成土地承包经营权确权登记颁证工作，发展多种形式的适度规模经营。2015 年和 2016 年，中央一号文件也对此作出部署安排。2017 年，中共中央办公厅、国务院办公厅印发《关于完善农村土地所有权承包权经营权分置办法的意见》，要求明确集体所有权、稳定农民承包权、放活土地经营权，实现"三权分置"。2018 年中央一号文件提出"完善农民闲置宅基地和闲置农房政策，探索宅基地所有权、资格权、使用权'三权分置'，落实宅基地集体所有权，保障宅基地农户资格权和农民服务财产权，适度放活宅基地和农民房屋使用权"。

在党的十九大报告中，习近平总书记明确要求，巩固和完善农村基本经营制度，深化农村土地制度改革，完善承包地"三权分置"制度。《国家乡村振兴战略规划（2018—2022）》对完善农村土地利用管理政策体系，激活农村土地资源资产，保障乡村振兴用地需求做出了具体部署。2019 年 5 月，中共中央、国务院发布的《关于建立健全城乡融合发展体制机制和政策体系的意见》，把宅基地制度改革和乡村空间治理作为重塑新型城乡关系、促进城乡融合发展的重要内容，鼓励农村集体经济组织及其成员盘活利用闲置宅基地和闲置房屋。2020 年中央一号文件提出扎实推进农村土地制度改革。严格农村宅基地管理，扎实推进宅基地使用权确权登记颁证，以探索宅基地所有权、资格权、使用权"三权分置"为重点，进一步深化农村宅基地制度改革试点。2021 年中央一号文件提出深入推进农村改革。积极探索实施农村集体经营性建设用地入市制度。加强宅基地管理，稳慎推进农村宅基地制度改革试点，探索宅基地所有权、资格权、使用权分置有效实现形式。

## 二、破解城乡二元结构需要深化农村土地改革

自古以来，工农差别、城乡差别一直存在。工商业发展孕育城市文明，它是

一个国家现代化程度的标志。广大的农村，由于自然条件的限制，农耕文化把中国的每个村落打上了有别城市的深深印记。世代耕作的农民，将自己的生命与土地、庄稼紧紧维系在一起。

新中国成立以来，为了尽快建立完备的工业体系，国家通过征收农业税与工农产品"剪刀差"等方式，为工业发展提供了大量的财政积累。改革开放以后，农村集体所有土地征收，为工业化和城镇化进程提供了重要的土地及资金支持。20 世纪 90 年代，农业的基础地位受到了挑战，农民负担加重、收入增长缓慢，农村公共支出和社会事业的发展远远滞后于城市。在计划经济体制下形成的城乡二元经济、社会结构变革迟缓。因此，加快深化农村土地制度改革，就成了破解城乡二元结构的应有之义。

21 世纪以来，中央明确把解决"三农"问题作为全党工作的重中之重，确立了统筹城乡发展的基本方略。进入新时代，农村土地改革步入了历史的快车道，实现土地要素市场化，城乡二元结构将逐步消除、城乡经济社会加快融合发展。

## 三、农村土地改革离不开金融服务

农村土地制度改革必然产生很大的金融服务需求。首先是投融资方面需求。如信贷需求，土地整治、开发项目所需弥补资金缺口，多为过渡性资金安排，需要银行提供信贷资金支持。再如工商资本金融服务需求，近年来国家政策鼓励引导工商资本激活土地"沉睡"资源，工商资本也看到了农村以土地为主的资源型资产的巨大价值，以及资源要素再定价的巨大升值空间。工商资本需要与银行合作，实现多方共赢。其次是中间业务服务需求。如财政资金代保管需求，土地整治由政府主导，整治项目往往匹配中央专项资金和地方财政补贴，一般按计划分年拨付，需要银行代保管财政资金，能够为银行提供稳定的财政性存款；再如土地估价、主体评级、结算等中间业务需求；农民土地征收、流转所获资金，除了用于基本生活以外，大部分放在银行购买理财产品，需要银行提供理财服务。最后是数据平台信息服务需求。随着科技发展，政府已经打造以数据为核心的科技平台作为"智慧政务"的重要载体。为推动土地要素市场化配置，政府可借助信息化管理手段，有效实现农村土地要素流动全流程的可追溯、可查询、便利管理。金融科技具有先进性，融合"科技 + 数据 + 场景"，为政府土地要素市场化配置提供精准服务。

农村土地制度改革促进金融服务下沉以及业务转型。如土地规模经营产生新型农业经营主体，客观上需要金融机构尤其是大型商业银行服务下沉，创新金融产品、服务方式、抵押担保贷款模式等，以满足专业大户、家庭农场、农民合作社等金融服务需求。同时，促进商业银行业务经营转型。如发展与互联网企业跨界合作，运用金融科技拓展农村市场，开发农村生态平台、拓展线上业务，重点深度拓展县域商区、园区、农区、社区的零售客户，将由柜面营销渠道向平台线上渠道转型。再如促进建构适合农村消费信贷的新型风控体系。对涉农各类业务实施全流程系统管控，将大数据分析运用到授信定价、贷前审核、贷后监控、关联交易监测等细分业务流程中，实行风险处置前置，有效控制客户风险。

## 四、"十四五"时期土地金融服务的新取向

"土地金融"将成为大型商业银行业务市场拓展的新"蓝海"。近年来，围绕深化土地改革，中央出台了一系列有利于加快农村金融发展的政策，不断放宽农村金融市场的准入条件，这必然带动"土地金融"创新发展。随着《土地承包法》的出台以及《土地管理法》的修订，"土地金融"服务产品，如农房、承包地的抵押贷款将在全国推广，让一直沉睡的农村资产，通过日渐成熟的农村土地交易市场，撬动农村市场的千亿级别的资金。除了农业银行、邮政储蓄、农村商业银行等传统的金融机构以外，为其他国有大型商业银行服务下沉和业务拓展提供广阔的市场空间。

以土地金融服务促进多种农业经营主体发展。农民土地流转，形成"农民 + 龙头企业"发展模式，通过农业保险、期货等金融产品创新，与财政基金一起建立良好的风险分担机制，促进农业龙头企业发展壮大、新型农业经营主体崛起以及其他多种业态创新发展。

金融科技运用为土地金融创新赋能。土地抵押贷款，可积极利用新兴技术，引入多方数据，增强授信的精准性。如运用区块链技术进行农地抵押贷款。借助金融科技，与地方政府合作搭建农村土地流转交易平台，通过平台的流转数据以及地方政府的种植补贴数据、投保数据等，为农地抵押贷款提供可靠的授信依据，从而有效降低信息不对称导致的信用风险。

（作者单位：中国建设银行安徽省分行）

# 农村万象

## 河边村五日

⊙ 张静

7月雨季，我在李小云工作的乡村扶贫实验地——位于西双版纳热带雨林的河边村，待了5天。

有很多事情超出想象：这里竟然出奇安静，除了虫鸣鸟叫，完全没有城市的车水马龙；村里人说话的声音很轻，听不到南方城镇通常的街头喧闹，狗叫声都很少，最多见的是玩耍的儿童——见到我拍照，他们羞怯地用手捂着自己的脸；这里植被茂盛，雨水淋漓，但苍蝇蚊虫的滋扰却很少，带来的驱虫菊用得不多；这里夜间完全不用锁门，很多村民就睡在自家的无门凉台上，享受清新空气。心宁的氛围，顿时让人卸下了所有紧张感，精神上彻底放松下来。

我们住在小云团队工作了6年的扶贫项目——"瑶族妈妈的客房"，这是瑶族传统的热带杆栏式木楼。在小云团队的支持下，河边村民自己动手，利用政府的扶贫建房资金，建起了杆栏式的木质安全住房，住房中还嵌入了一套客房。在这样的房子里，客主同一屋檐，但各自居住的房间独立。厨卫用砖，有太阳能和电辅助热水器，之外的其他部分为全木结构，三面落地环窗，有很宽的青瓦檐遮阳，无线网络全楼上下覆盖。房东的父母说，从未想过能住上这样的房子。

房东小伙子姓周，肤色黑红，他自称文化程度不高，但心灵手巧，会做饭，所用大部分食材取自自家种植或养殖，味道清淡，绝对符合"健康饮食"标准。

河边村到处被热带花草和果树环绕，芭蕉、木瓜、菠萝蜜……很多果树第一次见到，这的确令在北方长大的我，有种电影中看到的奇幻感。

还看到不知名的新奇植物，比如在儿童中心图书室经过廊的木顶上，发现长出的美丽黄色嫩芽。

清晨出来溜达，随意走进一户人家，看到一位中年村民在手编竹编，我们坐下来攀谈。担心会打扰他干活儿，没有想到人家谈意很盛，操着吃力的普通话，夹杂不少咿呀感叹语，和我们述说自己盖房的故事、养鸡养猪的故事、大象进村偷吃甘蔗的故事、李老师给他们开会的故事、李老师带着他们一起建村子的故事……

如果在这里做田野调查，有不少研究问题可以提出来，比如：乡村公共品提供的真正行动者是谁？当发展的力量推动乡村改变时，传统社会关系（亲属家族）在其中扮演什么角色？当发展以新的标准要求村民改变长期习惯时，他们的反应是什么？外来力量是否对传统权威的地位产生威胁？如果二者发生冲突，是怎么解决的？发展的可持续性问题：当外来力量中断或消失时，村庄是否可能发展出内在的组织机制？在新的业态出现后，共同体社会是否会走向瓦解？

（作者系北京大学教授）

# 逃不脱的村庄

⊙ 陈平

回望我已走过的有限的人生岁月，我似乎只在做一种努力，那就是拼了命的要逃出生我养我的那个村庄。

十七岁那年我参加高考，我本以为自己是可以拿着某大学的录取通知书骄傲地在乡亲们羡慕的眼光中体面地离开村庄，走向无数次梦想中的诗与远方。命运捉弄，在那个伤心的九月，我一直没有等到大学的通知书。

但逃离村庄的梦想没有熄灭，也就是十七岁的那个九月，我义无反顾地成为家乡最早的一批离乡打工者。一个装化肥用过的蛇皮袋，塞进两件换洗的衣服，也塞进对未来无限的憧憬与期盼。背上这个最简单的行囊，匆匆忙忙逃出了我的村庄。没有留恋，没有不舍的伤感，从村口坐上长途汽车的那一瞬间，反倒有一种终于解脱的快乐，整个人是轻松又愉悦的。

十七岁时，我去的是华北平原一个省会城市，在一家省级建筑工程公司当上一名普通工人。八小时工作制，每天清晨，我骑着一辆二八永久牌自行车，加入到上班的车流中。在工地上有师傅带着，处处关照着我，因为上过高中，很快学会看图纸，手上的活操作起来不难。下班后，三五工友自行车一蹬，逛夜市喝点小酒，到电影院看当时时兴的镭射电影，站在马路边的卡拉 OK 摊点上，不管不顾地吼一嗓子《潇洒走一回》《黄土高坡》。住工人单身公寓，每月按时发工资，都市工人工作生活的节奏。这是我曾经梦想得到的生活方式，也是我曾经梦想抵达的地方。

不知什么时候开始，每天下班后我总要到宿舍收发室看一下，开始盼望收到我的信。我开始在写给家乡父母弟妹的信中，提到北方的白开水寡淡无味，想要一包家乡的茶叶，也在信中提到想吃家里的腊蹄子……我开始必看每晚的天气预报，关注家乡的天气。走在大街上时特别留心过往的车牌，每次看到挂着鄂 Q 的车牌在我眼前呼啸而过时，心里竟会涌起莫名的亲切感。工友开始在工作的闲暇，谈起各自的家乡，我们都会不约而同地激动兴奋，也不约而同地沉默安静。

我二十六岁那年从北方大平原又回到了南方山区的那个时时牵挂着的村庄。我长年生活在村庄里的父母亲人，都说我是头脑发热，是一时冲动，不明白我是怎么想的。

那一年我回来的理由很充分，很能说服我自己。我和家乡的一个姑娘结婚了，一年后又有了我们可爱的女儿。我把这些年在外攒的一点钱拿出来，两口子起早贪黑辛辛苦苦在家乡盖了两层小楼，完全按自己的心愿设计。我们按自己的想法，创造理想中的田园生活，在自己土地上种药材，种反季节蔬菜。我们坚信凭自己的勤劳和智慧，是可以在自己村庄创造属于我们的美好生活。因为这些年的流浪，让我对故乡、对我的村庄有了更深的理解。

我的村庄仿佛很大，村庄那些散乱的房子，那些成片的庄稼地，那些望不到头的树林，还有弯弯绕过的小河沟，要走遍我的村庄很不容易，总有一些乡亲的房子我没有到访过，总有一片树林我没有光临过。这些年出门在外，我梦中总是村庄里的人、村庄里的事。这也许就是我为什么会在我二十六岁时，毅然决然地放弃了北方大都市里稳定称心的工作，又回到我十七岁出发的地方的原因。

只是我自己也没有想到，我会在三十五岁那年，又一次从村庄逃离。

这一次，我是带着老婆，带着已经上了小学三年级的女儿。我决定再一次离开，因为我觉得村庄最终没有带给我想要的生活，不能给我的女儿想要的见识、眼界、教育。我们这次选择了一个南方的小城市，因为那里有我们熟悉的乡音，有我们记忆中永远的大山与小河。仿佛一夜间又回到原点，我们远离繁华城市中心租了间小屋，安顿下一家三口。我选择在一家教育机构打工，我老婆在一家服装厂干活。在朋友的帮助下，女儿也顺利地上了学。

我们从村庄逃离，什么都没带，村庄什么都没给我们。可多年的村庄生活却给予了我们最宝贵的善良与勤劳、踏实和忠诚，给予我们面对困难时的决心与信心，也给予我们在艰难困境中的乐观与豁达。

在这个南方的小城市里打拼，我们一家子共同努力，似乎渐渐地离村庄越来越远了。我们与这个城市更亲近了许多，我们租住的房子也越来越宽大，孩子也在这个城市读完了小学，又初中毕业进了高中，后来又到了更大的城市去读了大学。我们夫妻甚至也靠自己的努力在城市林立的楼盘中选择了属于我们自己的房子，在城市的万家灯火中，终于也有了一处灯光在为我们亮着，在每一个夜晚温暖地等我们回家。我们一家子也更像这座城市中的主人一样，推着购物小推车在阔大的超市里购物，在城市的河边堤岸漫步拍照；也会一家子相约到一处温馨餐厅，听着音乐，点些自己喜欢的食物饮料，像众多幸福家庭一样，享受着属于我们曾经想要的幸福。

在我即将迈入五十岁门槛的时候，女儿大学毕业了，她选择了回到这个城市上班工作，将她自己以身相许，托付给了这个南方小城。我们开始张罗着为她买房，为她美好的未来规划着。

我一直以为，我们是这个城市真正的主人了。在这里妥当安顿了我们的肉身，安排好我们的生活。但随着年岁的增长，岁月的流逝，我越来越觉得我的身体是逃出了村庄，可我的灵魂似乎还留在十七岁出发的那个村口。许多来自心灵深处的痛楚和温暖常常会在不经意之间被触动，在看似平静幸福的生活中掀起波澜。

在某次晚饭的餐桌上，面对妻子精心准备的食物，女儿随意说了一句，想吃奶奶做的盐菜了。我突然一怔，自己就是吃着母亲做的盐菜长大的。记忆闸门一下子就打开了，我的童年，我的小学中学，哪一顿饭里少了母亲的盐菜。除了盐菜，还有母亲煮的南瓜洋芋、合渣洋芋，过年熬的麦芽苞谷糖，石磨磨浆石膏点制的豆腐。一想起这些，我们一家子停下吃饭，一宗一宗盘点村庄那些原汁原味的不曾磨灭记忆的美味。

在我们装修城市新房子时，我自然也会想起村庄的老屋。想起老家门口母亲栽下的厚朴和杜仲树，想起院坝坎上我们种下的月季与木槿。也正是因为有这些念想，当老丈人问妻子新房子里还需要些什么时，她不假思索地要了几盆父亲培育的花草。妻子在精心布置厨房时，我甚至想要在厨房里放一个家乡那样的碗柜，一个极其简易的木架子，碗柜旁边也挂一个粗竹筒做的筷笼子，甚至很容易就想象出有风吹过，筷子们就会像一把占卜人的卦签子一样响动，这响声这些年一直都在我耳边，并且常常搅动我的胃口。

端午节，我们一家子回了一趟老家。当车拐进村口，那块熟悉的田园就映入我的眼帘，同时也掀动我的记忆。那一年我曾经在那块地里种过白菜，那年白菜长势喜人，每棵总得有七八斤。看着白菜一天一天成熟，又一天一天过了生长期。可就是没人来收，别说一毛钱一斤，五分一斤也没人要，送都没人要。那一季村里到处都是菜农扔的白菜，整个村庄弥漫着白菜腐烂的味道。最后我们只好自己把几亩田的白菜一筐一筐背到田边的树林里倒掉，腾出田地来种下第二季，希望第二季能扳回一局。

回到村口，我停下车，到至今还在我名下的那几块田地里去走走看看。田地继续生长着庄稼，尽职尽责的土地一如既往地为庄稼、为杂草野花提供滋养。田边的几棵树依然在六月阳光下慢慢悠悠地晃动，树叶成片成堆，在风中挤挤攘攘，它们似乎还记得我，似乎认出我就是那个多年前在树下撒尿的小伙，认出我就是当年那个爬上树干掏过鸟窝的少年。

我们回到村庄，乡亲们还认得我，很轻易地就叫出我的小名，他们甚至还记得我小时候许多胆大妄为的往事，在乡亲娓娓的叙说中，我觉得自己并没有走远，我依然就是村庄田野里一块普通的泥土，我依然就是山坡上一株常见的野草。

端午节假后我们从老家回到城里，妻子抱了一捆浸透五月端午露水的艾蒿回来，她挑了两株气宇轩昂的用透明胶带粘在我们城里家门口，这是来自村庄最温暖的守护，是来自乡土里朴素的念想。

而像这种来自村庄的念想与滋养一直都在，在我每次给母亲的电话里，在我的乡亲每一次进城捎来的大包小包土特产里，在我每次读到关于乡村、关于乡土的文字时……事实上无论我身在何处，无论我逃得多远，去了哪里，这种来自村庄的牵连都会执着地跟随着我。

现在我又离开了村庄，天天穿行在城市的大街小巷。可只要我有稍稍的闲暇，只要我站在高处遥望村庄的方向，就会自然地思念埋在田边的父亲，会不自觉地想起父亲坟边的树和岩石，想起父亲未尽的心愿，其实这是我最大、最痛的怀念。我会想起一生都守在村庄里的母亲，我想让她到我生活的城市来住一些日子，让她来看看城市的成长、城市的模样，也让母亲站在我家的阳台上向老家遥望，望一望她一生为之守护的村庄。

一想到这些，我的心又跑回到村庄。我知道我的村庄真是一个十分固执的存在，多少年多少代就一直在那里，她生长了多少树多少庄稼，养育了多少乡亲，又掩埋了多少生命。而我一直在努力逃离，却一点也没逃出她的牵挂与掌握。我的村庄好小好小，仿佛就只有手掌那么大，只要她把手掌一握，就会把许多像我一样的游子，把好多的时光、好多的梦想握在她的手心。

生我养我的村庄啊，我永远都逃不脱，她永远固定地在那个地方等我。

（作者系湖北省恩施州英才学校老师）

# 法制经纬

# 将城乡合作建房纳入法治化轨道

⊙ 杨文

随着近些年经济水平的高速发展，城乡合作建房变成了一种新的消费模式，也因此城乡合作建房出现了大量矛盾纠纷，这些纠纷开始逐渐进入司法程序寻求公正权威的解决。但是，各级、各地区法院在对此类纠纷作出裁判时，其法律适用、裁判观点、裁判思路、裁判逻辑都并无统一，有的甚至大相径庭。这些不一致的裁判导致了并不理想的社会效果，进一步激化了原有的矛盾纠纷，甚至衍生了新的社会矛盾纠纷。因此，就有必要从立法、制度、司法、执法和保障等层面提出相应的建议，推动城乡合作建房纳入法治化轨道。

## 一、立法层面：抓紧对相关法律法规立改废

对于城乡合作建房的法律规定，在国家立法层面并没有系统的规定。因此，法院在裁判时，有些审判人员依据《中华人民共和国民法典》合同编、物权编之规定，认为城乡合作建房合同无效；有些审判人员依据《中华人民共和国土地管理法》之规定，认为宅基地与农民身份紧密相连，因此不能由城市人下乡建房；还有些审判人员同样依据《中华人民共和国民法典》之精神、原则，认为如果认定城乡合作建房协议无效，则有违民法典诚实信用、公平等基本原则，因此认定城乡合作建房协议有效。

土地问题、房屋问题对于每一个人来说都是头等大事，但是立法上却没有对其进行系统、全面、细致的规定，这实属立法上的缺位。因此，笔者认为，应当加强有关农村土地、房屋处分有

关法律的建设，尽快形成相关法律体系，给实务人员提供直接有效的指导，从而解决实务中判决不一的现象，最大限度解决人民群众最关心的事情。

也正因如此，在法律上应当对城乡合作建房加以保护和规制。建议在宅基地第二轮改革试点完成后，在《中华人民共和国民法典》《中华人民共和国土地管理法》《中华人民共和国土地管理法实施条例》中设立专门条款对宅基地上城乡合作建房的管理予以规范和明确。也可以将《中华人民共和国土地管理法》第六十二条第六款"鼓励农村集体经济组织及其成员盘活利用闲置宅基地和闲置住宅"的规定进一步明确，可以将其调整为"在符合'一户一宅'等农村宅基地管理规定和相关规划、尊重农民意愿前提下，鼓励农村集体经济组织及其成员以租赁、城乡居民合作共建的方式盘活利用闲置宅基地和闲置住宅，改善农村村民生活和增加农民的财产性收入"。

## 二、制度层面：优化构建城乡合作建房的相关配套制度

在宅基地"三权分置"的制度背景下，保障农村集体经济组织对宅基地的所有权和农户对宅基地的资格权，允许对使用权进行部分让渡，分别由合作建房各方共同享有。"所有权和使用权适当分离"的动作，不应是地方的"自选动作"，而应是国家层面有法律支撑和制度配套的"规定动作"，这样才能走得长远。

城乡合作建房想要在国内推行，必须有制度性的保障。建议对城乡合作建房的产权登记、产权交易等配套制度不断进行完善，具体可以参考《张家界市城乡居民合作建房管理办法（试行）》（以下简称《办法》）的相关条款规定。

在产权登记方面，可以参考《办法》第二十九条"房屋竣工并验收合格后，合作方在所属县级不动产登记中心共同申请办理城乡居民合作建房《不动产权证书》登记"；第三十条"城乡居民合作建房《不动产权证书》按照'房地一体、三权分置'原则进行统一登记，合作方各执一份，并在《不动产权证书》的'权利人'一栏备注各自的权利类型"；第三十一条"利用宅基地合作建房的，宅基地所有权登记为村集体经济组织，宅基地资格权登记为农户，宅基地使用权和房屋所有权则根据合作建房协议约定予以登记。农户与村集体经济组织签署了《城乡居民合作建房宅基地资格权委托协议》的，宅基地资格权需备注委托村集体经济组织管理。利用存量集体建设用地合作建房的，集体建设用地所有权登记为村集体经济组织，集体建设用地使用权和房屋所有权则根据合作建房协议，登记为村集体经济组织所有、城镇居民所有或者多方按份共有"之规定。

在产权交易方面，可以参考《办法》第三十五条"已取得城乡居民合作建房《不动产权证书》的土地使用权和房屋所有权，可以在征得原全部合作方书面同意的前提下，以转让、抵押、入股等方式流转给其他组织和个人"；第三十六条"土地使用权和房屋所有权转让的，应当签订书面合同，原合作建房双方的相关权利、义务随之转移，且受让方可以继续申请办理城乡居民合作建房《不动产权证书》登记"；第三十七条"土地使用权和房屋所有权出租的，原合作方的相关权利、义务不进行转移。出租方与承租方应当签订书面合同，就相关事项进行约定，且不得损害其他合作方的利益"之规定。

### 三、执法层面：转变对城乡合作建房的执法理念和执法重点

在执法机关对宅基地执法的过程中，应当时刻注意合法性、合理性、便民高效、权责一致这几大执法原则的规制。对于各地区，可以制订符合其实际情况的、充分征求意见的执法实施办法。通过对执法行为的不断规范，将政策、法律落实到位。

对于城乡合作建房，法律并未明确禁止，政策已经允许且对各方又是有益和共赢的，则应当报以宽缓的态度予以保护。对农村建房的违法行为尤其是占用耕地和违规多占多建的行为予以严厉打击，保护好耕地红线和加强对土地集约化利用的管控，对城乡合作建房这种意思自治的私权利处分行为不宜轻易进行干预。

### 四、司法层面：规范城乡合作建房的司法裁判标准和尺度

就司法层面而言，当前各地、各级法院对于城乡合作建房的裁判尺度、标准不一而足，这一问题不仅仅影响的是法院内部的观点统一，当事人对公平正义司法的理解困惑，而且让目前的乡村振兴战略实施面临着一定的法律困境，通过盘活闲置宅基地资源推动乡村振兴的主要路径严重受阻。

因此，当前司法工作人员首要的是领会中央的改革意图、政策部署。通过深入学习中央的政策，进而对目前并不明确的法律规范进行符合当前政策的解释。通过解释法律，正确适用法律，进而对城乡合作建房相关法律纠纷做出随着时间的推移、事物的发展而改变的新判决，其判决理由和结果应当因时而变，不可故步自封。

当审判人员审判逻辑与国家政策保持一致时，应当由高层级的法院挑选出典型案例，甚至由最高人民法院审判委员会推出指导案例，对裁判观点加以明确。对下级法院以及有关的司法人员不断宣传，加强学习，最终在全国范围内统一宅基地上城乡合作建房的标准，最大程度解决纠纷，化解社会矛盾。

### 五、保障层面：加强城乡合作建房的法律服务供给

营商环境的不断优化是促进我国经济高质量发展的重要基础，而法治是最好的营商环境，在乡村振兴中发挥着基础性、服务性、保障性作用。法治环境的不断改善将极大激发乡村投资的活力。基于专业服务本身具有的门槛以及信息流通存在的私密性，更需要律师等专业人士扮演好协调"中间人"的角色，以法律服务搭建信任桥梁，解决好独立主体之间的沟通问题，贡献智慧拿出可行性方案平衡好双方当事人之间的利益关系。由于城乡合作建房中面临着各种复杂的历史遗留和法律问题，只有律师等专业人士的深度参与才能推动进行，法律服务因此显得特别突出和重要。

法律服务引领的"农地房"模式也因此应运而生。"农地房"以法律服务搭建信任桥梁，引导、完善、促进、护航农村闲置资源和资产的交易，倡导共建诚信守法的市场环境，可以为数以万计的村（社区）法律顾问和村务工作者提供法律服务层面的技术支撑，贴身为城乡合作建房提供核实信息、促进交易、拟订合同、协调纠纷、代办产权登记等系统性的实操解决方案，解决好下乡投资安全的最大社会痛点，坚定投资者的信心，从而更好地引导促进交易。同时将大量可能的纠纷化解在萌芽状态，公平地保护好投资者以及当地民众的合法权益，推动诚信社会和"法治乡村"建设，更好地保障和助力乡村振兴。

土地房屋是关系民生的大事，合作建房即可满足城市居民对低密度居住环境的需求，又可以在不突破法律政策的前提下增加农民的财产性收入，改善其居住条件，提升生活品质，与更好满足人民日益增长的美好生活需要的奋斗目标相统一。政府应当目光长远，高度重视与宅基地有关的政策、制度构建，允许各地在宅基地上大胆改革探索，为各方利益主体寻求最佳方案，将合作建房早日纳入法治化的轨道。

（作者系湖南师范大学中国乡村振兴研究院乡村法律研究所所长、中华全国律协农业农村法律事务专业委员会副主任、湖南省律师协会农村法律事务专业委员会主任）

# 前沿报道

## 一个村庄的集体经济困境与出路

⊙ 陈明

　　讲一个村庄集体经济的故事，这个村当前面临的最为突出的问题就是股份社运行低效。村股份社董事长说："我们这点家底，腾退补偿了7个多亿，结果产权改革中劳龄补偿、特殊补贴加上农转非补缴保险，花了6个多亿。下一步怎么让股份社的资产保值增值，我天天为这事头疼。"综合分析，该村股份社目前的运行存在或可能衍生若干问题。

　　第一，经营制约多，盈利空间小。按照镇上的规定，各村庄股份社有两个账户，一个是股份社自有账户，存放其自有资金；另一个是由镇级财务代管的专户，存放土地补偿款。股份社董事长说："现在我们的经营受到的制约太多。土地补偿款要进入专户，不能随便动用，只有前面说过的劳龄补偿、农转非缴纳保险可以用。"我问道："那就不经营吗？钱放着会贬值啊！"他说："所谓经营就是统一买理财，理财现在最多5%，而且利息还要进入专户。经营只能用自有资金。"

　　第二，活钱变死钱，增值无门路。谈到股份社的经营问题，村干部说得最多的一句就是"活钱变死钱"。村党支部书记说："在腾退之前，我们村有个集贸市场还有一万多平方米租赁物业，每年集体经济收入有1000多万元。腾退之后，是补了7个多亿，但我们原来是活钱，这是个死钱。而且现在也就剩了不到1个亿。"在整个交谈过程中，书记略显伤感，他说："往大了不说，为了整个县的发展，我们村是作了牺牲的。"

　　第三，分红难维持，股东意见大。当我们问及这样运转下去能否维持每年的分红时，股份社董事长告诉我们："今年还行，还有点积累。明年必须想办法了，我们打算用自有资金搞点经营。股份社要与市场接轨，否则死路一条。"村党支部书记补充道："这两年每年都少点，今年可能比去年还要少。这个东西，你增加没人说你好，但是往下减那老百姓意见可大了。"

当前，农村集体产权改革所形成的股份社并不是完全的市场主体，而是承担了基层经济治理任务的半行政性组织。因此其难以完全按照市场盈亏情况来处理股份分红问题，分红一旦难以持续，民众就有可能表达不满甚至采取非理性集体行动。

要解决这个问题，必须理解集体经济的本质，坚持市场化改革方向。发展集体经济本身不是目的，而是手段。发展集体经济的目的是让老百姓生活得更好。中央提出要发挥市场在资源配置中的决定性作用，更好发挥政府作用。集体经济的发展同样要遵循这个逻辑。继续封闭运行，甚至只靠"吃存款"，股份合作难以持续。下一步改革的思路是：政府在集体经济的发展中主要发挥政策制定、信息提供、监督管理的作用，具体的经济决策要交给集体经济组织。

具体建议：赋予股份社经营自主权，确立其市场主体地位。股份合作的开放运行和自主经营是解决其发展活力问题的根本出路。具体改革可以分三步走：（1）股份社不再承担社区福利和公共服务职能，专事市场经营，股东按股分红；（2）除保留一定的准备金存入专户管理外，将全部资产交由股份社自主经营、自负盈亏，起步阶段政府可帮助遴选优质项目；（3）开放股份社，建立股权交易市场，实现股份合作股权的证券化、市场化，逐步实现股份社公司化转制。

（作者系中国社会科学院政治学研究所副研究员）

# 海外窗口

## 德国乡村发展经验及对乡村振兴的启示

⊙ 叶兴庆　程郁　于晓华

　　德国城市化起步较早，在其城市化的不同发展阶段，乡村地区面临的问题和挑战有较大差异，其采取的应对措施也在不断调整。

　　早在 1850 年至 1855 年间，德国的城市化率就超过了 30%，进入城市化快速发展阶段；1890 年至 1895 年间，其城市化率超过了 50%，进入以城市为中心的发展阶段；1955 年至 1960 年间，其城市化率超过了 70%，进入后城市化时期。1871 年统一之前，德国大小城邦林立，加之后来国家空间规划和区域政策有意识地引导工业企业向小城市和镇布局，这使德国城市化呈现出一个突出特征——城市的分布和规模结构非常均衡，以小城市和镇为非农人口的主要承载空间。大部分城市和镇以都市圈的形式联结在一起，既在空间上分散布局，又在经济上紧密相连。

　　尽管如此，德国进入城市化快速发展阶段后，同样面临乡村发展的挑战。在城市化率 30% 至 50% 的发展阶段，农村人口大量流入城市，大片乡村土地荒废，乡村景观和生态环境遭受工业化、城市化的破坏。在城市化率 50% 至 70% 的发展阶段，人口和就业向城市的集中导致乡村人口进一步减少，乡村"空心化"更加严重，村庄衰落趋势更加明显。在城市化率超过 70% 以后，无计划的"返乡运动"，导致农村地区建筑密度增大、交通拥挤杂乱、土地开发过度、土地使用矛盾加剧，工业化思维的建设改造破坏了农村原有的村落形态和自然风貌。21 世纪以来，由于人口老龄化以及乡村公共服务的"规模不经济"，德国乡村仍然难以避免人口衰减、经济活力下降等问题，德国面临人口"再城市化"、乡村"再振兴"的新挑战。

　　在不同发展阶段，德国应对乡村发展挑战的做法有较大差异。值得注意的是，在城市化率接近和超过 70% 以后，德国推动乡村振兴的做法更加全面系统。

一是以产业的"逆城市化"增加乡村就业机会。第二次世界大战结束后，大规模重建使城市成为经济和生活的中心，加之农业机械化使大量劳动力从农业中解放出来，乡村人口大量减少，乡村发展缺乏生机活力。针对这种情况，德国出台法律，推动小规模农户退出后的土地流转集中、发展农业规模经营，推动完善乡村基础设施、提高乡村生活水平。通过完善产业基础设施和功能区布局规划，强化小城市和镇的产业配套与服务功能，增强其对大企业的吸引力，让"在小城市和镇工作、回乡村居住"成为理想的工作生活方式，形成了产业和人口的"逆城市化"发展趋势。德国排名前 100 名的大企业中，只有 3 个将总部放在首都柏林，很多大企业的总部都设在小镇上。这在很大程度上带动了乡村的现代化，促进了城乡的均衡协调发展。乡村条件的改善，加之土地和税收优惠政策的推动，使一些大企业积极向乡村腹地转移。例如，20 世纪 70 年代初，位于巴伐利亚州的宝马公司将主要生产基地转移到距离慕尼黑 120 公里之外的一个小镇，为周边乡村地区提供了 25000 多个就业机会。

二是以"村庄更新"提升乡村生活品质。经历了工业化驱动的"逆城镇化"阶段后，德国乡村人口结构已由传统的农业人口为主转变为非农业人口为主。把这些人留在乡村，除了就业外，还需要增强乡村绿色生态环境和特色风貌对他们的吸引力。德国出台了一系列法律法规，通过补贴、贷款、担保等方式支持乡村基础设施建设，保护乡村景观和自然环境，使乡村更加美丽宜居。经过逐步演变，"村庄更新"计划已成为"整合性乡村地区发展框架"，旨在以整体推进的方式确保农村能够享受同等的生活条件、交通条件、就业机会。"村庄更新"计划包括基础设施的改善、农业和就业发展、生态和环境优化、社会和文化保护四方面目标。德国实践表明，一个村庄的改造一般要经过 10 年至 15 年的时间才能完成。

三是以创新发展推动乡村"再振兴"。通过实施村庄更新项目，德国大部分乡村形成了特色风貌和生态宜人的生活环境。但由于乡村人口老龄化和人口数量的减少，使得基本生活服务因缺乏市场规模而供应不足，生活便利性下降又导致人口进一步从乡村流出。特别是医疗服务的不充分使越来越多的老年人卖掉乡村住房到城市居住，现代生活服务设施和就业机会的不足使年轻人越来越难以留在乡村。面对如何保持乡村活力这个新问题，德国又出现了乡村"再振兴"的需求。2014 年，德国联邦农业与食品部提出了新的农村发展计划，其目标是支持农村创新发展，让农村成为有吸引力、生活宜居、活力充沛的地区。该项目包括四大板块：未来导向的创新战略样本和示范项目、乡村提升项目、"活力村庄"和"我们的村庄有未来"，让乡村能够获得创新资源并支持乡村发展领域的研究创新。

中德两国发展阶段不同，在农村土地所有制、乡村治理结构、城乡关系等重大制度安排等方面都有很大差异，但两国都具有深厚的农耕文化传统，都很重视城市化进程中的乡村发展问题。从德国促进乡村振兴的做法中，我们可以得到一些启示。

第一，均衡的城市化和生产力布局更有利于乡村地区发展。德国走出了一条以小城市和镇为主的城市化道路，通过空间规划和区域政策，引导工业向小城市和镇布局，为"在乡村生活、在城镇就业"的人口迁移模式的发展提供了机会，带动了乡村地区的发展。我国于1996年迈过30%的城镇化率，进入城镇化快速发展阶段，但城镇化进程中各类资源明显向大城市集中，"大中小城市和小城镇协调发展"的预期结果并未出现。特别是以东南沿海地区和大中城市为主、农民大跨度转移就业的人口迁移模式，对乡村腹地的带动效果较差。今后应更好地考虑在基础设施投资、医疗和教育资源布局、土地指标分配等方面为中西部地区县城和小城镇发展创造条件。把小城市和镇这个节点做活，为城乡融合发展提供有效支点。

第二，土地整治是促进乡村振兴的重要平台。德国在城市化进程中始终重视乡村土地整治，将其作为解决乡村发展问题的重要切入点，在不同发展阶段赋予其不同功能。德国的经验表明，随着城市化的发展，乡村土地利用的结构、布局、功能都会发生急剧变化，单纯靠土地市场难以适应这种急剧变化，需要政府以法律、规划、建设项目等方式介入。应赋予我国农村土地整治更完整的功能，将其作为实施乡村振兴战略的重要平台，推动土地整治与农业规模经营、乡村旅游、基础设施建设、景观和环境保护等相结合。

第三，不同发展阶段乡村发展滞后的内在逻辑不同，促进乡村振兴的策略也需相应调整。德国作为工业化的先行者，经历了城市化的完整过程，其在不同发展阶段面临的乡村发展问题不同，应对策略也有较大差异。我国目前仍处在城镇化快速发展阶段，应坚定不移地推进以人为核心的新型城镇化，继续降低乡村人口总量和占比。但从现在开始，就要注意改善乡村人口结构，让乡村能够留住和吸引一批年轻人，以增强乡村生机和活力。

第四，促进乡村振兴需要营造社会氛围。德国不仅通过颁布一系列法律法规、实施"村庄更新"计划和欧盟"引领项目"等投资建设活动来促进乡村振兴，而且注重为乡村振兴营造良好氛围，比如积极开展全国性的竞赛等。近年来，我国一些地方自发开展了美丽乡村、星级农家乐等评比，农业农村部也推动开展了"中国农民丰收节"活动。应借鉴德国经验，对这些活动进行统筹谋划，围绕现阶段乡村振兴的核心内容设计赛事内容和规则，提高活动的质量效益和影响力。

（作者单位：国务院发展研究中心农村经济研究部、德国哥廷根大学农业经济系）

# 想说就说

## 让基层干部受重用才能有担当敢作为

⊙ 陆福兴

　　近期，江西省修水县和石城县县委书记均被提拔重用为设区市市委副书记，而这两个县都是刚刚脱贫的县。近年来，江西省树立重实绩、重担当、重基层的用人导向，旗帜鲜明地大力选拔敢于负责、勇于担当、善于作为、实绩突出的干部，有效激发了广大基层干部想干事、能干事、干成事的精气神。

　　举世瞩目的脱贫攻坚作为我国全面小康社会的政治任务，落到了千千万万的基层干部肩上，为了"保持贫困县党政正职稳定"，中共中央办公厅、国务院办公厅于 2017 年印发了《脱贫攻坚责任制实施办法》（以下简称《办法》），提出了"不脱贫不调整、不摘帽不调离"的政治原则，各省市自治区在实施《办法》的过程中，又对市级、乡级领导干部提出了相同的要求，对驻村扶贫干部也提出了"不脱贫、不提拔、不调动"的要求。

　　在长达五年多的脱贫攻坚征程中，我国大批基层干部奋斗在扶贫第一线，他们为了贫困人口的精准脱贫，坚守讲政治、讲原则的理念，一心为贫困群众讲奉献，坚定地扛起脱贫摘帽的艰巨任务。脱贫攻坚几年来，许多基层干部牺牲了自己被提拔的机会，他们不顾工作环境的艰苦，不顾工作任务的繁重，为我国脱贫攻坚的全面胜利做出了杰出的贡献。江西省坚持重实绩、重担当、重基层的用人导向，在脱贫攻坚全面胜利后，对基层扶贫干部进行破格重用，这是对中央"保持贫困县党政正职稳定，做到不脱贫不调整、不摘帽不调离"政策的政治呼应，是一个让基层干部暖心的用人导向，也是善始善终执行中央政策的应有担当！

众所周知，基层干部是落实党的脱贫攻坚工作任务，跟老百姓直接打交道的小干部。他们为了把上级的各种扶贫工作任务落到实处，必须多次和老百姓磨嘴皮子，甚至受到老百姓的不理解和埋怨，他们的工作需要深入老百姓的家中，深入基层的田间地头。在脱贫攻坚的征途中，我国广大基层干部不仅要接受不脱贫不提拔、不脱贫不调离的要求，还要面临完不成扶贫任务被问责的压力，他们无怨无悔拼命工作，有的甚至以生命为代价履行自己的政治诺言。如湖南在扶贫攻坚中有两位县委书记牺牲在了任上，还有一位得了癌症继续干。据国务院扶贫办新闻发布会透露，至 2019 年 6 月底止，全国牺牲在扶贫岗位上的干部有 770 多人，其中绝大部分是基层干部。正因为我国基层干部的坚守，才换来了我国扶贫的伟大胜利，正因为他们的执着，为我国赢得了脱贫攻坚的国际赞誉！

当前，我国基层干部是一个值得关注的群体，他们的生存存在多层困境。一是职位低的困境。基层干部在乡镇干得再好，也就是科级干部到头，县市区干得再好，也只能干个处级。尽管现在的公务员法有了非领导职务的规定，但是基层高级别的非领导职务是僧多粥少。二是职位提升的困境。基层县乡领导干部不仅职位低，而且发展空间有限，基层一个萝卜一个坑，本来就那么几个职位，对外交流力度又不大，基层干部符合提升条件时可能没职位，但等到职位空出来了时，自己的条件又过了。三是基层干部的基层困惑。基层干部干活多，时间不稳定；基层干部干活杂，专业难突出；基层干部退休早，年龄限定没商量，过了 45 岁基本没有提拔的希望。四是基层干部的待遇困惑。在当前的公务员工资体制下，基层干部有些工资待遇上面有口子，但地方难以落实，他们总体的工资低，网上曾有副乡长开滴滴赚外快补贴家用的新闻。五是基层干部地位低。基层干部在基层，对于上级干部的检查考察必须安排到位，对于各种调研参观必须服务到位。基层干部面对基层群众，在市场经济下基层老百姓越来越不买基层干部的账，许多工作都必须请求老百姓配合，有些事好心还得不到老百姓的理解。

当前，基层各级领导岗位换届在即，如何使用讲政治、讲原则的基层干部，是考验我们党乡村振兴如何建设干部队伍的考题。特别是对于贫困县的领导干部，他们扶了贫但可能 GDP 成绩拿出来不好看，除了扶贫他们没有光辉的政绩，而基层扶贫干部在为脱贫攻坚奋斗的时候，可能其他干部在不断被提拔。因此，在换届之际任用干部上如何对待脱贫一线上的基层干部，不仅是一个良心和导向问题，更是一个讲不讲政治的问题。如何对待他们的换岗和提拔，我们党也要精准考察，公平选拔，为我国下一步对接全面乡村振兴提供干部队伍保障。如何让他们在讲了政治讲了原则后，能够得到应有的政治待遇和精神安慰，是我们党用人的基本伦理和底线，也是中国特色社会主义新时代的干部队伍建设要求。

要坚持重用基层干部的原则，不让基层干部吃亏。基层干部是党坚强的基层领导力量，让他们有政治前途，有提拔进步的希望，他们才更加有担当精神，才敢有大的作为。重用基层干部，让他们流血流汗不流泪，让他们想干事、能干事、干成事，成为敢于负责、勇于担当、善于作为、实绩突出的基层坚强领导力量，我国的乡村振兴战略才会再一次举世瞩目，我国的全面现代化才会如期实现！

（作者系湖南师范大学中国乡村振兴研究院副院长、教授）

# 发挥好全面推进乡村振兴的创新举措

⊙ 方典昌

乡村振兴战略是一项长期历史任务，分为 2020 年、2035 年、2050 年三个节点，但在实践中有些地方急于求成，不自觉地将时间跨度为 30 年的历史性任务放到短时间内来考虑。新形势下，谋划全面推进乡村振兴，应特别尊重乡村发展规律，对集体经济、城乡融合发展等科学设定目标任务和工作重点，稳扎稳打，确保乡村振兴取得实效。

## 一、关于集体经济：应着力发展集体产权制度改革基础上的股份合作的新型集体经济

当下，基层各类涉农文件存在言必称集体经济现象，动辄设置集体经济考核指标，出台考核办法。但新形势下，亟须明确发展什么样的集体经济，应着力发展十四五规划提出的"新型集体经济"。所谓新型农村集体经济，是指在农村地域范围内，以农民为主体，相关利益方通过联合与合作，形成的具有明晰的产权关系、清晰的成员边界、合理的治理机制和利益分享机制，实行平等协商、民主管理、利益共享的经济形态。一是从历史上看，从 20 世纪 50 年代开始的初级社和高级社到人民公社，到 80 年代的家庭联产承包责任制，再到 2015 年开始集体产权制度改革，集体经济明晰产权、股份化改革的路线逐渐清晰，新型集体经济宜沿着集体产权制度改革的路子继续推进。二是从发展实践看，各地逐步涌现出以"党支部领办合作社"为代

表的新型集体经济发展的雏形。三是功能定位上，新型集体经济应更注重"富民"功能，即主要精力放在发挥基层党组织作用、以集体带领农民增加收入上，兼顾解决村两委"无钱办事"的难题。四是方式方法上，新型集体经济发展可探索以村或镇域为单位注册成立集体经济发展有限公司，以股份经济合作社为股东，开展实体化运作。具体可借鉴浙江临安区做法，探索将企业经营的理念与营运的方式用于村庄经营。

## 二、关于农业开放：应着力在农业集约化发展上下功夫

我国农业整体上属于东亚小农模式，短期内难以实现美国式的大规模农场经营，必须立足自身实际。经济学家舒尔茨认为，传统小农作为"经济人"的效率不逊色于企业家，改造传统农业的关键不是规模问题，规模的变化并不是经济增长的源泉，而关键是引入现代要素，特别是技术等新要素。习近平总书记多次提及的"诸城模式""潍坊模式"和"寿光模式"，本质上也是经济类农产品的产业化。同时，综合我国的城镇化进程和农业所处的发展阶段，也应充分利用劳动力资源丰富、农业资本和技术装备逐步丰裕的特点，把提高农业质量效益和竞争力的着力点放在经济类农产品的集约化经营上，发挥好市场作用，以提高土地产出率和提升科技贡献率为导向，进一步巩固和放大农业产业化经营经验，深入实施乡村振兴，可适度强化对潍坊"三个模式"的借鉴和应用。

## 三、关于城乡融合：可因地制宜抓好土地托管这一关键举措

当前我国农业农村发展正涌现出两大特征：一是 70% 以上的农户兼业且不愿放弃土地，二是城镇化仍有 15 ~ 20 年的发展空间。在农户兼业和城镇化之间需要一个节点，土地托管可能是有效载体。同时应该看到，我国农地经营逐渐呈现出土地流转、土地托管两大趋势。比较看，土地托管更符合我国农业发展的阶段性特征，土地托管在土地权属、利益分配、抗风险能力等方面灵活性强、更稳妥，容易被农户接受，土地托管有可能成为继家庭联产承包责任制之后的又一重大改革创新。据农业农村部统计，2018 年全国土地承包经营权流转面积增速 5.3%，同期土地托管面积增速达 50%，表明土地托管模式发展速度更快。

土地托管在山东是有成熟经验的。从潍坊高密的实践看，土地托管每年每亩

能够节约成本 280 元，且农户从土地中解放出来进入城市打工，人均收入约 4000 元，实现种田、务工两不误。2014 年以来，山东已经向全国 20 多个省份输出土地托管经验。未来，在城镇化、城乡融合发展中可进一步抓好土地托管这一关键举措：一是开展土地托管项目的典型宣传示范，特别是依托一批高质量的示范社和典型社等；二是发挥好镇、村的动员能力；三是进一步发挥好供销社系统作用，扩大托管服务覆盖面；四是引导有意向的社会资本投资土地托管业务。

## 四、关于农民工市民化：应当作为奠定区域发展格局和促进乡村振兴的有效抓手

农户兼业的特点决定了农民工群体是沟通城乡的很好载体。农民工市民化有三方面潜在效用：一是减少乡村人口、促进乡村振兴；二是为城市提供劳动力资源、提升城市活力；三是农民工与乡村天然的联系将造就一批"返乡创业"群体，促进城市资本、理念、技术等要素回流。农民工群体对所在地的经济发展作出巨大贡献，也正在被各大城市逐渐纳入"抢人大战"的争夺对象，对城镇化及乡村振兴的溢出效应正逐步显现。《2019 年农民工监测调查报告》显示，外出农民工群体年末在城镇居住的比例为 77.5%，达 13500 万人，显示农民工群体正在持续为新一轮城镇化作出贡献。传统观念上，为农民工提供福利仅是民生视角，而未看到其蕴含的对提升城市集聚度和能级的重要性、对乡村振兴的重要性，农民工群体是统筹城乡发展的关键节点，这长期以来被忽视了。给农民工以市民化待遇不应作为一种负担、不是对农民工的恩赐，而应作为奠定区域发展格局和促进乡村振兴的有效抓手，提升到战略层面来谋划和推进。

（作者单位：山东省潍坊市改革发展研究中心）

# 不宜过高估量农村夫妇生育三娃的热情

⊙ 周长友

2021 年 5 月 31 日新华社发布消息称中央政治局会议经讨论指出进一步优化生育政策，实施一对夫妻可以生育三个子女政策及配套支持措施有利于改善我国人口结构、落实积极应对人口老龄化国家战略，保持我国人力资源优势。这一消息迅速引爆社会舆论，成为公众关注的焦点问题。关于谁会积极响应国家政策生育三孩的问题成为人们谈论的首要问题，许多人认为"生育三孩的希望在农村"，农村夫妇将会成为积极响应国家政策生育三孩的主力军。2018 年中国家庭追踪调查数据中选择理想子女数为三个及以上的受访对象 59.44% 来自农村地区，39.25% 来自城镇地区。这似乎进一步说明了我国农村地区居民更倾向于生育三个或三个以上子女的事实。笔者根据自己长期在农村地区从事田野调查的经验认为事实并非如此，不宜过高估量当前农村夫妻生育三孩的积极性。城镇化进程和农村社会内部的发展等因素早已改变了农村地区年轻人的生育观念，制约着城镇夫妻生育选择的限制性因素同样也制约着农村地区夫妇的生育选择。

## 一、城乡三孩生育意愿差异不显著

当前部分地区组织了调查队对三孩政策实施后谁会生育三孩的问题进行了生育意愿调查。国家统计局济南调查队在全市抽取 366 户适龄家庭进行了调查。国家统计局西安调查队对西安市 100 位育龄青年进行了调查。四川省阆中市统计局则通过电子问卷和走访调查相结合的方式对全市 300 个以 20 ～ 45 岁阶段人员为主的家庭进行了调查。浙江省的国家统计局金华、上虞、桐庐、丽水、台州、绍兴、湖州和瑞安等调查队近期也分别开展了家庭生育三孩意愿问卷调查。虽然这些各地开展的生育意愿调研以小规模、随机性的点状调研为主，缺乏国家和省级层面的大规模调研，从而导致调研数据缺乏宏观审视，但也足以从一个侧面反映当前我国民众的三孩生育意愿。

笔者在调研过程中发现农村地区的生育观念虽然较城镇地区更为传统和保守，但三孩生育意愿同样普遍较低。城镇化过程正在迅速改变年轻一代的生育观念，生育观念上的城乡差别正在逐步缩小。各地区进行的民众生育意愿调查数据也部分印证了笔者的观点，如济南调查队的调查结果显示农村居民中有生育三孩意愿的占 11.2%，城市居民中有生育三孩意愿的占 4.3%。这说明当前城乡生育三孩意愿之间的数值差异虽然存在，但从整体调查结果来看两者之间却并不存在截然不同的性质差异。无论是农村地区还是城市地区，人们生育三孩的意愿都不高。因此，人们的三孩生育意愿并不存在着显著的城乡差异。城乡之间生育意愿的趋同性无疑是随着中国城镇化过程的迅速推进，城乡之间在经济、文化和社会生活等方面的差距日益缩小的典型例证。

## 二、城乡三孩生育意愿限制因素具有趋同性

人们的生育观念受到社会生产生活等诸多因素的制约和影响。家庭不仅是农村地区社会生活的基本构成单元，同时也是生产活动的基本经济单元。以代际分工为基础的半工半农家庭模式是当前我国农村地区普遍存在的家庭经营方式。为了追求家庭经济收入的最大化，农村地区过去普遍盛行孩子出生后交由在家务农的祖父母抚养，青年夫妇继续外出务工的"留守儿童"养育模式。这种模式无疑是对家庭劳动力分工的最大利用，尽量确保家庭经济收入不会因为养育孩子而大幅减少。随着社会对于"留守儿童"问题的关注，现在农村地区开始流行母亲在家全职带娃的养育模式。这一养育模式虽然被认为有利于孩子成长，但却在短期内导致家庭外出务工劳动力数量减少，家庭经济收入因此减少的同时出现支出的大幅度增加。

城镇化进程不仅重塑了农村人口布局，同时也对农村家庭代际关系产生了重

要影响。农村地区传统的依靠子女赡养的家庭养老模式在城镇化大潮中正面临挑战。农村家庭的代际关系变化无疑会影响人们的生育观念。农村居民一方面养育孩子的成本大幅提高，另一方面对孩子的未来收益预期大幅降低。这导致少生育子女成为人们的必然理性选择。随着越来越多的农村青年人外出务工，其生活观念也日趋城镇化。城镇流行文化等生活消费观念成为农村青年人追捧的对象，"不婚主义"和"丁克家庭"等婚育观同样对青年人的生育观产生了显著影响。这导致农村青年的生育观念虽然受到一定的传统文化影响同城镇地区有一定的差异，但由于传统文化观念的影响在城镇化大潮中正日益式微，城乡之间的生育观念差异正日益走向趋同性。国家统计局金华调查队对 378 户适龄家庭开展的生育意愿调查结果显示，55.3% 的农村受访问对象表示教育培训费用成为养育孩子的主要经济负担。巨大的教育培训投入成本成为制约许多农村家庭生育三孩决策的一个非常重要的因素。

## 三、三孩生育配套支持措施应体现城乡一体化原则

国家发展和改革委员会 6 月 25 日印发《"十四五"积极应对人口老龄化工程和托育建设实施方案》明确指出经济负担、婴幼儿照护和女性职业发展等经济社会因素已成为影响生育的重要因素。随着城镇化进程中我国城乡之间的社会经济发展差距逐步缩小，城乡之间的生育观念差异势必同样呈现出趋同性。家庭经济收入因素、时间精力成本因素、身体状况因素和教育观念因素等阻碍城镇居民生育选择的因素同样困扰着农村夫妇的生育选择。许多农村家庭在进行生育选择时相对城镇居民面临更加突出的经济收入短板。这要求我们在完善生育配套支持措施的过程中不仅应遵循城乡一体化原则，而且应根据农村地区发展整体滞后于城镇地区的现实有针对性地采取帮扶措施。

### 1. 加大对农村部分生育三孩家庭的经济帮扶

笔者在农村调研中发现经济收入仍然是影响绝大部分农村夫妇生育三孩意愿的一个首要因素。许多受访对象表示国家应该对农村地区生育三孩家庭从孕期保健、幼儿照护和学历教育等方面进行经济补贴。四川省攀枝花市政府 2021 年 7 月 28 日在《关于促进人力资源聚集的十六条政策措施》中提出将给予每个按政策生育第二孩以上孩子的家庭在孩子 3 岁以前每月 500 元的育儿补贴金。此举首开全

国地方政府给予生育二孩以上家庭发放补贴的先河，虽然其后续政策实施效果尚有待观察，但无疑对鼓励部分农村家庭生育三孩具有重要的借鉴意义。

### 2. 完善农村幼儿托育服务体系建设

由于受到城乡二元化体制的影响，我国农村地区幼儿托育服务体系的发展非常滞后。农村家庭结构当前正在经历从传统"大家庭"向以核心家庭为代表的现代"小家庭"转变。传统家庭的养老和育婴模式在这一过程变得难以为继，许多农村家庭也不得不将幼儿送往城镇托育机构。由于我国城镇公立托育机构普遍不足，大量私立托幼机构费用高昂，婴幼儿的照料和子女入学等问题成为影响农村家庭生育决策的重要负面因素。"生得起、养不起"成为制约农村家庭生育意愿的一个主要原因。笔者的调查中近80%的受访对象均表示希望国家加大对幼儿托育体系的建设和投入，完善农村幼儿托育服务体系和相关配套政策。

### 3. 综合施策降低农村家庭教育负担

"望子成龙，望女成凤"是家长的普遍期望。农村家庭父母由于不希望自己的孩子输在起跑线上，因此对于子女教育的投入格外重视。由于许多农村家庭原本经济条件欠佳，教育投入在其家庭经济支出的比例明显高于城镇家庭。随着信息化和网络化技术的发展，校外培训机构的"焦虑营销"策略正从城镇向农村地区蔓延，许多农村家庭也被迫加入"鸡娃"的激烈竞争行列。这需要国家一方面加大对农村基础教育的投入，构建城乡一体化的教育服务体系，另一方面采取政策措施扼制校外培训机构的无序扩张和无休无止的"焦虑贩卖"，切实减轻中小学生的学业负担和家庭的教育经济负担。

（作者为重庆医科大学医学人文研究中心、新时代健康中国战略研究中心研究人员）

# 从历史与现实出发重构村庄的意义世界
## ——评陈文胜教授《大国村庄的进路》

⊙ 李珺

　　陈文胜教授的新书《大国村庄的进路》，一经出版就受到学术界的广泛关注。本人有幸获得老师赠书，从头至尾认真精读了一遍，尤其书中关于"城镇化进程中村庄文化的进路"与"村庄社会的演进"部分让我感触颇多。可以说，这是一部面向未来的学术著作，书中饱含对未来乡村社会的深情与设想："乡村将成为现代社会中拥有最美好人居环境的地方，回归乡村、回归自然是人类的天性，也是人类社会发展的必然趋势。"书中的判断并不是凭空而来，作为一名既拥有丰富实践经验又有着扎实理论功底的学者，陈老师多年来始终关注"三农"热点问题，勤于思考，见解独到。此书立足于中国现代化的大趋势，在乡村振兴战略这一宏观背景之下，不局限于某一单向度，而是强调村庄演进的整体性变迁，从村庄社会、村庄治理、村庄文化三个维度审视城镇化进程，剖析村庄演进的各种社会风险等现实问题，以此探索大国村庄演进的路径选择。

### 大国村庄的基本国情：决定其自身独特演进规律

　　现在社会舆论场上似乎有两种极端的思潮在此起彼伏，一种思潮是"乡村唱衰论者"，他们单凭某些乡村社会呈现出来的道德观念层面的滑坡，就认为乡村已经完全破败、没有希望了，相信农村的消亡是历史的必然。还有一种是"返乡体论者"，他们一味表达对乡愁的缅怀，把过去的乡村理想化，冠之以诸多美称，以此希望回到过去记忆中的乡村。而陈老师在书中敏锐地提醒我们，要辩证理性地看待发生在中国的乡村巨变：既要看乡村建设中积极的一面，物质层面取得了较大成就，我们前所未有地告别了饥饿时代，各种惠农政策出台，农村社会的飞速进步肉眼可见；但同时又要看到不利的一面，在向现代化迈进的过程中还存在不少问题，这些问题归根结底是因为中国太大，农村差异也较大。如果片面地只看到某一面，凭单一村庄、单一现象下定论就会犯以偏概全的错误。他反复强调，要用区域比较的视角理解和研究中国的乡村问题。"每个村庄都有自己的不同历史，甚至有自己的不同生命，如一个村庄有四季的变化，每个村庄的四季变化绝不相同，那么不同村庄自然有不同的'转'与不同的'型'。"

不仅村庄与村庄之间有不同的变迁特征，国与国之间更是如此。与世界上绝大多数国家都不同，中国是一个超级大国，但同时又人多地少，"大国小农"这一基本国情就决定了我们乡村的发展变迁有自身独特演进规律，不能完全照搬西方国家的经验。正因为如此，陈老师十分强调研究中国乡村问题，必须扎根在中国大地上，脱离中国社会实践的研究无非是无源之水、无本之木。

## 从传统到现代：看村庄社会价值观念之变与不变

这是一条关于历史变迁的逻辑路线。当前我国乡村社会发生了"千年未有之巨变"，这种巨变不仅体现在经济、制度等方面，更体现在观念层面，尤其改革开放以来，农民的价值观发生了最深刻的变革，与传统的小农思想早已不可同日而语。

书中陈老师细细梳理了从城镇化初期到快速城镇化背景下，村庄传统价值观从"坚守"到"多元化"再到"价值体系重建"的历史发展轨迹。毫无疑问，打工潮、进城潮、拆迁潮的不断兴起，对村庄价值观念的影响是巨大的，从家族伦理本位到个体利益本位、从封闭单一性到开放多元化——关于社会价值观念之"变"的部分我们似乎比较容易看到；但变中一定有其不变的地方——中国社会的根是乡村的，对优秀传统文化的升华、道德规范的重塑等都是对原有价值观念的升级而不是取代。在现实的中国农村，农民价值观呈现出传统与现代"并存"的局面，这本身表明传统价值观和现代价值观并非是对立的两极，传统不见得是落后，现代也不见得代表进步。此书考察村庄社会价值观念变与不变的规律，不仅为了探究背后的原因，更是期望以此把握未来乡村社会文化演变的方向。

## 以当代中国马克思主义为指导：重构村庄的意义世界

这是一条通往现实的解决路径。马克思、恩格斯曾指出，"人们的观念、观点和概念，一句话，人们的意识，随着人们的生活条件、人们的社会关系、人们的社会存在的改变而改变"。文化不是独立于政治经济之上的现象，是随着时代的变化而变化的。

随着中国城镇化进程不断加快，农民的人生意义也由一元化解释向多元化理念发展，过去用一把伦理道德尺度衡量所有人的行为规范，符合规范的才被村落共同体认同，而现在这样的尺度似乎不止一把，每个人心里都有不同的道德标准，传统中需要被谴责的价值观念在当代或许有多元化的解读，这不可避免地导致多数农民的人生意义模糊化。如何化解农民在新的价值理念还未完全建立、旧的价值观不断瓦解的状况下处于的进退两难困境？陈老师认为要用社会主义核心价值观统领，重塑农村社会共同规范，通过整合重构农民的价值观念，使其人生意义再度明确化。农民的传统价值理念一直存在着现代化发展的空间，重构村庄的意义世界，就是要更多关注农民的精神生活，关心他们为什么而活，让他们创造出独属于自己生命的意义。

（作者系湖南师范大学中国乡村振兴研究院博士研究生）

## 图书在版编目（CIP）数据

中国乡村发现. 总第58辑 2021（3）/陈文胜主编. —长沙：湖南师范大学出版社，2021.10

ISBN 978-7-5648-4372-4

Ⅰ.①中… Ⅱ.①陈… Ⅲ.①农村－社会主义建设－中国－丛刊 Ⅳ.①F32-55

中国版本图书馆CIP数据核字（2021）第209832号

ZHONGGUO XIANGCUN FAXIAN

中国乡村发现　总第58辑 2021（3）

陈文胜　主编

出 版 人｜吴真文
责任编辑｜彭　慧
责任校对｜牛盼盼　蔡兆墨

出版发行｜湖南师范大学出版社
　　　　　地址：长沙市岳麓山　邮编：410081
　　　　　电话：0731-88853867　88872751
　　　　　传真：0731-88872636
　　　　　网址：http://press.hunnu.edu.cn/
经　　销｜湖南省新华书店
印　　刷｜湖南雅嘉彩色印刷有限公司

开　　本｜710 mm×1000 mm　1/16
印　　张｜10
字　　数｜180千字
版　　次｜2021年10月第1版
印　　次｜2021年10月第1次印刷
书　　号｜ISBN 978-7-5648-4372-4

定　　价｜25.00元